空襲の史料学

― 史料の収集・選択・批判の試み ―

日笠俊男

大学教育出版

まえがき

　小さな都市でも決して見逃すことなく焼きつくした大戦末期の、米軍B-29部隊の大空襲のことを忘れないでほしい。
　この思いで、定年退転後に、自宅に岡山空襲資料センターを設立（2000年6月29日）し、一途に岡山大空襲の史（資）料の発掘収集の努力をしてきた。しかし道半ばにして残された時間があまりなくなってしまった。この先は、どうしても若き学徒に託さなければならない。それで、この10年来の空襲の調査研究の拙論考は当センターの活動の一端であるが、そのいくつかを集めて本書をつくった。次の走者に手渡すバトンのつもりである。
　『史料学』。いささか大仰な題をつけた。本題には、63年前の歴史の真実を風化させてはならぬという自らの強い思いが込められている。
　歴史の真実は史料によって記録され、語られる。それは、際限のない史料の発掘・発見と収集・選択・批判のたゆみない作業によって初めて成立するものである。公的な空襲・戦災資料館（平和博物館）が存在していれば話は少し別になるが、もし私どもが、それを少しでも怠れば、史料はたちまち散逸し、埋もれてしまう。歴史の風化である。そこではもうどんなウソでもホントになる。風化は恰好の虚構のひとり舞台。そのようなことはどうしても看過できない。その思いで岡山空襲資料センターは生きてきたのである。
　なお、本文中の「史料」とは、「歴史研究の材料」として使用し、調査研究のために使用する「資料」と区別するか「史（資）料」として併記しているが、主に第2章以降に出てくる米軍のものは一般に「米軍資料」として使われているため、「資料」のみの表現もある。

コラム1：6.29岡山空襲の米軍機B-29は138機

1

　あのとき。私は国民学校6年生。小さく光るB-29が飛行機雲をかいて飛び去るのを見るようになったころ、先生は私たちの敵がい心を育てようとされたのだろうか、運動場に4発のプロペラの実物大のB-29をかいたことがあった。私はなによりも、その大きさに驚いた。6月29日、爆発音に目をさましたとき、もう寝室の窓は、ほのおの色を無気味にうつしだしていた。砂の絵ではない本物が、次々に投下する焼夷弾の火の雨。「真上だ！」と叫んで逃げまどう。だが本物は決してその姿を見せなかった。その夜のことは、その後夢のなかで何回も繰り返される。

2

　いったい何機のB-29が襲来したのか。「約70機」。あの「いかめしい」中部軍管区司令部の発表。戦後もずっとこの「約70機」。しかしやはり平和の語り継ぎは大切だ。東京をはじめとする全国の空襲・戦災を記録する会などの努力で、当時の米空軍の㊙文書が、米国立公文書館からやっと公開されたのである。1970年代になってからのこと。米空軍の作戦は私の想像を絶するものであった。138機！　「無差別爆撃」と一口に言うが、米軍のそれが生半なものでないことを知り、大きな衝撃を受けた。

　この文書は、正式には、第21爆撃機集団の『タクティカル・ミッション・リポート（戦術作戦任務報告）』といわれている。B-29部隊が、作戦終了直後に、計画、任務遂行と反省点などをまとめた報告書。詳細で信頼性も高いものである。

3

　ところが、いまさらながらと言うべきか。この苦労して手に入れた資料を岡山で「霞のなか」におく状況があるのを知り黙しておれなくなったのである。私は以前、岡山市戦災35周年に、『山陽新聞』ちまた欄（1980.6.30付）に「より確かな語り継ぎを」を投稿し、米軍機は「138機」であることにふれた。その数年後朝日新聞社は、同社主催の空襲展で、この

文書を展示し、同紙岡山版（1985.7.1 付）が「マリアナ基地をたった第58航空団の B-29 143 機のうち 138 機が岡山の都市地域を目標に飛来……」と紹介した。ところが昨年（1995 年）、戦後 50 年の新聞各紙の特集記事のなかに、「141 機」をあげるものがあった。となると、もし数字の違いを見過ごさぬ読者なら、同じ米軍資料によりながら、なぜ？と思うだろう。「霞のなか」というのはこのことである。「霞」の発生源はどこなのだろうか。

4

　図書館で県史や市史にあたってみた。どうやら「霞」の発生源はここあたりにあるようだ。『岡山県史 12 巻』（岡山県、1989 年 3 月刊）は、「米軍報告では 141 機来襲している。」（それ以上の説明はない）と言う。一方『岡山市百年史（上）』（岡山市、1989 年 9 月刊）は、「米軍資料によると、この日の空襲は 138 機で行われ……」と書く。たまたま同『百年史』には『資料編』（1993 年 1 月刊）があり、同文書の訳文が収められている。これで霞がはれるはずと思ったが、抄録（あるいは抄訳）で肝心なところを欠いている。「資料」も扱い方次第で、その価値も半減すると言わざるを得ない。筆のついでに言及すると、『百年史（上）』は前掲の文に続けて、「……焼夷弾 982 トンが使われているが、神戸・明石その他もやられているから岡山だけの数は分からない」と書いている。しかしもし、この米軍資料によるなら、目標の岡山に「982 トン」を投下していることがはっきり分かるのだが。同書の内容は、自ら題した「岡山空襲の実相」にほど遠い、かなりの混乱ぶりで、米軍資料を見ていないことを自ら暴露している。「霞」でなくて「霧のなか」である。一般の読者は原典にあたる機会などまずない。それだけに、歴史の記録者は、折角の「資料」をもっと大事に扱う必要があるのではないか。

　霞のなかに分け入って、その奥がまた霞では申し訳ないので、この機会に、私の手元にある原文コピーにより、この襲来の機数にかかわることを簡単に説明する。異なる 3 つの数字がどこからきたか、わかっていただけると思う。

岡山市街地を目標にするこの作戦は143機を配置する。このうち2機はシー・レスキューの飛行機（スーパーダンボ）で四国沖などで待機。したがってマリアナ基地発進のB-29は143でなくて141機。しかし、そのうちの3機はNON・EFFECTIVE（故障または人為的失敗のため）。前出の『百年史資料編』ではこのNON・EFFECTIVEを「何の成果もあげなかった」と訳しており、爆撃に参加したようにもとれる。しかしこの3機に限れば、爆撃に参加していない。岡山空襲は138機でなされたのである。墜落の1機は138機に含まれている。これらは、同文書に添付の詳細な「総合統計概要」とあわせてみればわかることである。

5

　語りべの記録係の役割は大切である。冷徹な目が要求されるのだ。小さなことでも、個々の事実が、ゆがんでいたり、あいまいなままでは、全体としてものごとの本質は明らかにならず、歴史の真実にも迫れない。そのようなことでは、平和の次世代への有効な語り継ぎにならないことを自らの肝に銘じたい。

空襲の史料学

目　次

まえがき ……………………………………………………………… i
    コラム1：6.29岡山空襲の米軍機B-29は138機　　ii

序　章　6.29岡山空襲の検証──虚構の空襲神話をくだく── ……… 1
  1.　はじめに　1
  2.　6.29岡山空襲研究会設立の意義　2
  3.　無差別爆撃のこと　5
  4.　資料の収集と検証　6
  5.　記憶と記録のはざまで　10

第1章　岡山県空襲史序章草稿としての年表 ……………………… 12
  1.　はじめに　12
  2.　年表の意義　12
  3.　岡山県下空襲の全容　14
  4.　年表　16
  5.　おわりに　18

第2章　空襲・戦災の記録と米軍資料 ……………………………… 19
  1.　はじめに　19
  2.　米軍資料の有用性　20
  3.　米軍資料の2つの宝庫　21
  4.　USSBS報告書No.16『三菱重工業株式会社（会社報告No.1）』
      22
  5.　肝心の米軍資料収集方法　24
  6.　おわりに　27
    コラム2：岡山空襲資料センターの10年に思う　29

第 3 章　米軍資料：「(SECRET) ANALYSIS OF REASONS WHY AIR-CRAFT FAILED TO BOMB 1944.11.24〜1945.1.14」について ………………………………………………… *31*

 1　*31*
 2　*33*
 3　*35*
 4　*39*

第 4 章　NARRATIVE HISTORY の資料的有用性
  ──第 20 航空軍・第 21 爆撃機集団戦史── ……………… *40*

1. はじめに　*40*
2. 『NARRATIVE HISTORY』のマイクロ　*40*
3. 「NARRATIVE」の資料性　*42*
4. 「NARRATIVE」の有用性　*46*
5. おわりに　*53*

第 5 章　『第 20 航空軍 1944.11 〜 1945.8.15 の間の各種の戦闘作戦任務の概要』について …………………………………………… *54*

 1　*54*
 2　*57*
 3　*62*
 4　*66*

第 6 章　トライアル『米軍資料検証』
  ──6.29 岡山空襲の損害評価とかかわって── ……………… *69*

1. はじめに　*69*
2. 「表」の資料的限界　*71*

3. 「表」の資料性　*73*

4. おわりに　*78*

第7章　そのとき倉敷の未来は何色？
　　　　——8月8日付米第20航空軍「目標情報票」—— ………… *81*

1. 中小都市無差別爆撃　*81*

2. 小都市住民の未来：倉敷の場合　*83*

3. 『目標情報票：倉敷都市工業地域（秘）』　*85*

第8章　米軍資料の調査・活用
　　　　——岡山県最初の空襲・OPERATIONAL SUMMARY No.61 収集経緯——
　　　　………………………………………………………………………… *90*

1　*90*

2　*91*

3　*93*

4　*94*

5　*94*

6　*100*

第9章　「米軍資料」の史料批判の方法 ……………………………… *102*

1. はじめに　*102*

2. 「米軍資料」の史料批判の方法　*103*

第10章　津島遺跡から出土の焼夷弾信管について ……………… *107*

1. 出土の爆弾信管について　*107*

2. 6.29岡山空襲の「AN-M47A2 100ポンド型」焼夷弾について
　　　　　　　　　　　　　　　　　　　　　　　　　　　109

3. 信管「AN-M126A1 型」について　*112*
   4. 6.29 岡山空襲の 3 種類の信管　*114*
   5. おわりに　*117*

あとがき …………………………………………………………… *119*

岡山空襲資料センター収集・所蔵の一次史（資）料（2007）……… *121*

初出誌一覧 ………………………………………………………… *123*

序 章

6.29 岡山空襲の検証
―― 虚構の空襲神話をくだく ――

　岡山空襲資料センター設立の切実なモチベーション。センターは何を考え、何をしようとしているか。
　私は、それを「空襲・戦災を記録する会第 29 回全国連絡会議岡山大会」(1999 年 7 月)で特別報告した。岡山大会の『集録』からその報告を転載し、本書の序章を飾る。

1.　はじめに

　ただ今の合唱組曲、永瀬清子の「燃える故郷」…。
　永瀬清子のことについては、著名な方ですからみなさんよくご存知のことと思います。それで私はここでは詩人永瀬清子について語ることはしません。ただ一つだけ言っておきたいこと。もし永瀬さんがご存命であったら、今日この場にたっておられたと思うことです。永瀬さんは、色紙に『私は自分のいのちを立派につかもうとして詩を書く』と書いておられます。だからいつも平和、とくにアジアの平和について考え、行動されてきたのだと思います。
　永瀬さんの詩を一つ朗読させていただきます。『卑弥呼よ卑弥呼』から「有事」。

「一旦有事の時は、」と言う
その時が来たらと言うかけ声そのものが
もう「有事」なのだ。
戦争で恐ろしいのは
一時の気の迷いで長い後悔をあがなう事だ
むしろ死ぬ事よりもこわいその事。
偉い詩人にもたくさんの例があったのを
私はこの眼でみている。
つまりその眼は「後世」の眼なのだ。歴史の眼なのだ。

自分が信じる事以外には従うまい
そんな単純なきまりきった事でも
ちゃんと改めて自分にきめておかないと
きっとその時は、五寸釘をねち曲げるように
誰も彼も折り曲げられてしまう世の中になるのだ
恐ろしい
そうだ
私はもう「有事」を語っている。

2. 6.29岡山空襲研究会設立の意義

　さて…。私に与えられた責任は、組曲「燃える故郷」のいわば歴史的背景について報告することです。しかし岡山空襲の全体像を語ることは簡単にはできません。折角みなさんが岡山に集まられた機会ですので、草稿しかも未完の『序章　岡山大空襲』を書きました。この程度のものでも、もし私どもの研究会や、全国の記録する会がなければ出来あがら

なかったということだけは確かです。それで拙、6.29岡山空襲研究会設立の意義についてふれます。

　岡山でも、今からおよそ25年前に「記録する会」が生まれます。その時私は少しだけ会のお手伝いをする機会に恵まれました。その中味は、本日「書籍」のところに置いてありますが、「岡山戦災の記録（第2集）」1976年刊にあらわすことができていると思います。第1集は1973年に刊行されています。第1集の時には私はまだ会に参加していませんでした。刊行された第1集を見て参加することにしたと記憶しています。

　この「記録する会」は、この時、まわりのいろいろな記録する運動を盛りあげる役割を果たしますが、自らは、記録第1集と第2集を刊行したあと開店休業状態になります。戦後30年の時期ですから、「記録する会」の取り組むべき課題は山ほどあったのですが、力不足でそれにたちむかう運動の輪を広げることはできませんでした。

　岡山には、この「記録する会」の運動に先だつ1960年に、岡山市が刊行した『岡山市史　戦災復興編』という立派な記録があります。これは、戦災の記録としては、全国にさきがけるものと思いますが、かえって時代の制約から逃れることはできていません。また、当時の岡山での研究や運動の質の水準の低さをそのまま反映して、資料の収集も不充分で、その扱いもずさんという問題をかかえています。

　1970年代の市民の「記録する運動」は、当然、この市史の記録を充実発展させ、その弱点の克服に力をいれなければなりませんが、実際にはそれがほとんど出来なかったのです。その後の岡山の記録は、市史の引用か焼き直し、あるいは資料の孫引きですますという状況が続きます。この中で記憶の風化がすすみます。歴史の風化はただ記憶がうすれるという単純なことだけではありませんでした。それは、虚構がひとり歩きすることにつながっているのです。

虚構の空襲神話が生まれていきます。戦後50年期に再び「記録する運動」はこの岡山でも盛りあがって来ます。しかし残念ながら、今日でも、この状況をひこずったままであることを指摘せざるを得ません。そればかりか、歴史の真実に迫ろうとする「記録する運動」自身が、その内実は、知らず知らず虚構の空襲神話の成立に手を貸すという状況さえあります。

私は、歴史の真実に迫る記録をのこすためには、今日、この岡山では、運動の論理だけではだめだと強く感じたのです。それで敢えて「研究会」を設立しました。私たちの会は決して学者や研究者の会ではなく、ふつうの市民の会ですが、あくまで「学術的な活動をすすめる」こととしています。しかしそれを運動と連携してすることも規約に明記しています。

ところで会の設立の直接的動機が別にあります。その一つの出来事は、まことに卑近な話になりますが、たまたま事情があって自宅の庭をパワーシャベルで掘っていましたら、昔、防空壕のあったあたりから、我が家を焼いたと考えられる小型焼夷弾（M74）の燃えがらが一本50年ぶりに姿をあらわしたことです。退職後、戦災資料の収集や検証に再び取り組みはじめていた時ですから、このことに、何か目に見えぬ力が働いているようにも感じましたが、私の気持ちを大きく動かしたのは、次のことでした。地上に焼夷弾が姿をあらわしたときには、その形も全体がほぼ保たれていてシッカリしていたのですが、2〜3か月たつとぼろぼろとくずれます。その様子に世の風化の現実が重なって、じっとしておれなくなったのです。それに追い打ちをかけたのが次のことです。

1996年5月30日。その日、ある地元紙の新聞紙面に、「岡山空襲『無差別』でなかった」という比較的大きな記事がのったのです。ルメイの亡霊に出合った様でした。私は大きな衝撃を受けました。その衝撃をもっと大きくしたのは、この記事が地元で殆んど問題にならなかったこ

とです。

　この記事は、岡山空襲にかかわる一枚の米軍資料を、記者が十全な取材をしないまま、いくつも読みまちがって、事実に反することを書いているのです。見方とか考え方の違いということでなく、事実のあやまりですから、私は、その日のうちに事実をただした文を書いて編集局に持参しましたが、取りあげられることはありませんでした。

　あの空襲は、日本の侵略戦争の中でおこっていることではありますが、米軍の「無差別爆撃」であったことは、私の論証を待つまでもなく事実としてはっきりしていることです。それが、戦後50年たって全くの反対のことがまかりとおるのでは、あの日以来もの言えぬ2,000人を超えると考えられる犠牲者はうかばれません。私は研究会の設立を本気で考える様になりました。

　会は、1997年6月29日、52回目の空襲記念日に設立されました。その時会員は2人。現在、3年目にはいったばかりですが、会員は60名。もし本会の設立がなければこの岡山大会の開催もなかったということです。

3.　無差別爆撃のこと

6.29岡山空襲が無差別爆撃であったことについて米軍自らが語っているところを見てみようと思う……。

（省略）

　　※当センターのブックレットなど参照されたい。

4. 資料の収集と検証

さて、資料の収集と検証の問題について。
私の活動姿勢、歴史研究のスタイルは、
① 自己の体験を出発点にする
② これまで（54年間）どの様に語られ、記録されているか調べる
③ 資料を収集し検証する
　資料は当然一次資料によることを原則にする。すでに発掘利用されているものはオリジナル（原典）に当たる
　　新しい資料をさがし、発掘・収集する（存在しないとわかるまでは、その資料がないと思ったりしない…）
④ 歴史像の構成あるいは再構成をする
このようなものです。

そのことをお話していよいよ本論。資料の検証の問題についていくつかの事例を取りあげ簡単に見ていきます。

第1は、岡山空襲被災率全国で第8位説の問題点について。

岡山では被災率が全国で第8位であるとずっと語られてきています。これは実は先に取りあげました1960年岡山市刊の「岡山市史戦災復興編」が、戦後できた政府の省庁の1つの復興院が、その機関紙「復興情報」に掲載した「都市別空襲被害調査表」を取りあげ「戸数も人口も被災率において83市中第8位となっている」と書いたことからきています。市史は引用の原資料はのせていません。私どもは以前は8位と聞くと「だからあんなにひどかったのだ」となんとなく納得していたのですが、よく考えると、自分のところの被害が特定できないのに、他も同じことですから、それを比べて被害率が何位かということが本当にわかるのだろうかと考える様になりました。仮に市史が取りあげた資料の表

序　章　6.29岡山空襲の検証——虚構の空襲神話をくだく——　7

で、人口あるいは戸数の被災率が8番目ということが事実としても、「被災率全国で第8位」というのは全くの虚構です。市史が取りあげた資料を国会図書館から取りよせて見たところ、表の中で戸数で10番目、人口で18番目になっていました。市史は数え間違いもしていました。
　私たちは二重の虚構の「8位」説を40年近く語り継いでいたわけです。その途中には西川の平和の礎（いしずえ）に刻まれてしまいました。
　8位説のひとり歩きは虚構を重層化させてさえいます。市史は人口や戸数の被災率がその表の中で8位といっていたのですが、今では、街の面積の被災率が8位といったり、いろいろなものを合わせて8位としたり、比較する戦災都市の数もいろいろになっています。被災率が全国で何位かということは簡単にはわからない。むしろ、実際にどういう状況だったのか、この地で具体的におさえて明らかにすることこそ大事です。根のない虚構をひとり歩きさせては、平和の有効な語り継ぎにならないと思います。
　第2に犠牲者の問題について。
　本日発行の「空襲通信」準備号に、「犠牲者は2,000人を超える」を巻末に載せていただいていますが、岡山空襲の犠牲者についての、当時の公式の数字は3通りあります。1,678人と1,725人と1,737人。1,678人は警察が日々るい積して発表する20日目の数字。1,725人は戦後の9月8日県警防課が発表した30日目に相当する数。1,737人は40日目の数です。このどの数字を取りあげるとしても、その裏づけの名簿が岡山には残こされていません。名簿がないのに何千何百何十何人と端数まで数えてある。これは虚構の数字といわざるを得ない。私はいくつかの根拠に基づいて犠牲者数2,000人を推定しているが、これもまだ裏付けの名簿がない。したがって今からでも名簿を作る必要があると考えています。2,000人を1人ずつでも埋めていかないと歴史の真実に近づかない。ということで「御成町戦災地図」では、まず自分の住んでいるとこ

ろでそれをはじめた。町内で約10人の方が亡くなられたが、そのうち5人の方の名前が明らかになりました。自分の町以外は1人の力ではできません。私のやり方ではもう1つ、いろんな一次資料に出てくる犠牲者の名前を記録していくということもあります。みなさんの「記録する会」では、そのようなことを何十年も前に取り組まれているが、岡山では、これからそれをやろうとしているのです。犠牲者名簿ができたら、西川の平和の礎の8位説の誤りをただした上で、そのそばに犠牲者の名前を刻んだ追悼碑をたてたい。そういう風にしなければいけないと思っています。

　第3に焼夷弾のこと。
　岡山空襲では2種類の焼夷弾が落とされました。1つがM47A2 100ポンド油脂焼夷弾。この方は、あちこちで見えるものなのでここでは省きます。もう1つの種類M74 10ポンド黄燐油脂焼夷弾ですが、これは全国でも投下された地域が少なく、いまだによく知られてないというか、間違って説明されていることが多いのです。
　岡山でもM74の実物・写真を目の前において、M69の説明をするという状況があります。私どもが見たM74。同級生なんかもM74の形はよく知っている。尾翼は風車風の金属。円筒で弾頭の部分のみ約4cm六角形。実物を展示していますので、ご覧の通りです。M69の説明をすれば、形も大きさも違います。空中でE48がドンと爆発し、38本の小型のM74が散開し、ザーと落ちてくる。その時火の雨になっていた。M69は尾翼がリボンであったから、散開する時リボンに火がついて落ちたので火の雨が見えたと説明されているが、M74は金属製の尾翼でもやはり火の雨になっているのです。米軍自身もよくわかっていない。信管が地上で作用する前に空中で発火して落下しているのです。ということはM69のリボンに火がつくという説明は間違っているのではないかと考えられるのです。

M74について説明をした米軍資料は今日ではいくつか見ることができますが、実は、本日の要項の展示資料の説明・解題のところに書いていますが、岡山に落とされた実物のM74（展示）を前にすれば、米軍資料の説明とずれがあります。米軍資料の図は本体が六角形になっています。米軍の机上のプランや設計図と実際とは、ちがうということです。M74を米軍資料だけで説明すれば、それはウソになる。米軍資料も検証しなければ生きてこないということです。

　M74については1つ謎があります。当時の岡山市防空本部が、長さが数cmみじかい6ポンドのM74の実測図をのこしていることです。これは弾頭が八角形。このようなM74の実物は今日見当たらない。したがって、この実物が発見されるまで、市防空本部の実測図は謎のままのこされることになります。

　第4は、岡山空襲の無警報問題です。

　岡山空襲の際の無警報問題は、非常におくれて発令された中部軍の警報が、肝心の岡山県本部に、そして岡山市にも届かなかったという問題なのですが、これが岡山では今日まで様々に語られてきています。冊子「序章岡山大空襲」にそれを表にしてあげてありますが、もしこの中に1つでも正しいものがあれば、この表はそのままクイズの問題に使えると思えるほどです。正解はどれかと。しかし1つとして正しいものはない。1945（昭和20）年岡山近辺への実際の空襲（投弾）は約10回ある。その時警報が間に合ったとか、実際に役に立ったということは先ず全くないのです。それだけでなく、結果から見てのことですが、米軍の実際の10回の作戦に対して、連島（現倉敷市）警防団の『警防日誌』によると、1945年1〜8月までの間　警戒警報169回、空襲警報38回発令されている。警報はたくさんだして当たらない。それは実際の空襲のときにも当たらないのです。6月22日の水島の空襲の時は白昼でしたし、空襲の直前に空襲警報が発令されています。これは例外でした。

岡山空襲のときに無警報問題が生まれるというのは、あたりまえのことだったのです。しかし私たちは実際の空襲がはじまるまでは、あるいは防空演習の段階までは、日本の防空態勢は万全だと思いこんでいたのです。空襲がはじまってみれば、警報は全くたよりないものであることがはっきりしたのです。私も驚いたのは当時の「空襲警報」と「警戒警報」の区別です。「空襲」は「来襲ノ危険アル場合」、「警戒」は「来襲ノ虞アル場合」となっています。まことに主観的に適当に発令できるわけです。

時間がないので簡単にまとめますが、岡山の無警報問題は
① 警報の本質的、無責任、主観性
② 防空態勢の劣弱とその破綻
③ 中部軍司令部の要員不足と情報戦の完全な敗北
④ 戦時の軍にあるまじき上意下達の官僚主義

その一方に国民への情報のしゃ断がありました。

この中で岡山の無警報問題が起きているのです。その日の中部軍司令部防空本部の参謀の判断ミスの責任は大きいが、そのすべてを個人の責任に帰すことはできません。これらのことを冊子に比較的くわしく書きましたのでご覧下さい。

5. 記憶と記録のはざまで

「記録する会」の中での私の仕事は、歴史の真実に迫る「記録」をのこすことですが、記録の記録たり得る要件を次の様に考えています。

記録の要件は、
① よく確かめられた事実に基づくこと
② 客観性

③　視野の広いこと
　④　具体的であること
の４点です。

　歴史の体験者が体験を語ること、あるいはその記憶を語ることは、いわばオーラル・ヒストリー（つまり証言）として貴重であり、絶対的なものとして存在しています。しかし証言の絶対性は、それがそのまま真実であるということとは別です。オーラル・ヒストリーは、本来的に主観的で、きわめて視野のせまいものです。それ故にたくさんの、ほんとうにたくさんの証言を得て、その検証を通じて、それが歴史の記録の中で生きてきます。オーラル・ヒストリーも、文献学と同じ様に徹底した史料批判がなされなければならないということです。

　アメリカ国立公文書館の印章に、ラテン語で「書かれた文字は残る」という言葉がきざまれていることを『福山空襲の記録』を読んでいて知りました。歴史の真実に迫る記録こそが次世代への平和の語り継ぎを有効にします。二度と同じ過ちを繰り返さぬよう、「記録する会」が今こそ、もっともっと大きな力を発揮しなければならないと考えています。それは全国の「記録する会」が学び合い、助け合ってはじめてできるのだと思います。報告を終わります。

第1章
岡山県空襲史序章草稿としての年表

1. はじめに

　本題は、岡山県空襲史叙述の自らの営みを加速させるために作成した。
　筆者は、被災の体験から、ボランティアで岡山空襲資料センターを開設し、自宅の一室で、6月29日の岡山大空襲の調査研究を続けているが、その本質の理解には、県下全域の空襲の把握とその解明が欠かせない。
　この年表の完成度を決して100%などと考えていないが、本年表完成までに、10年の歳月を必要とした。

2. 年表の意義

　この年表は予備的なものであるが、岡山県空襲史の骨格になるものである。歴史の記録であれば、言わずもがなであるが、虚構と無縁でなければ存在する価値はない。どこまでも、肝心の史（資）料で裏付け、県下全域の空襲の全容把握に心掛けた。
　この年表で、地域の個別の空襲の調査研究が一層進む。そしてそれぞれの空襲の精緻化された具体像が闡明（せんめい）になって、はじめて空襲史が成立する。
　これまで県下の空襲の全容把握は、その試みが全くなかったわけでは

ない。しかしそれらは、概して、偶然存在するあれこれの記録や点在の記憶や情報を算術的によせ集めた態(てい)のもので、空襲史とは言い難い。そのためどれも歴史の虚構から逃れることができないでいる。

『岡山県史 12 巻近代Ⅲ』(1989.3.31 岡山県刊)。今日の最新の県史であるが、この『県史』にしてしかり。大空襲以外は殆んど"○月○日○○○空襲"のような項目だけであるが、とにかく「空襲と戦災」の章で、県下全域の空襲を取りあげている。しかしそれは、当時の空襲の調査研究の水準の低さの反映ではあろうが、いくつも、この世に存在しない虚構の空襲をつくっている。内容の不充分、不適切な説明というような問題ではない。『県史』は章のしめくくりで「以上が被害のすべてであったのだろうか。戦時下において軍部は空襲被害をなるべく公表させないようにしただけに、以上記したものにも被害の実態のつかめないものがあるし、被害はもっと広汎に及んだのかもしれない」と記しているが、虚構の空襲史でこう言われても、筆者は素直に受け取れない。

本題の年表は、こうした『県史』の内容を補正、修正するものとして提示した。『県史』の虚構の終止符になればうれしい。

本年表は『県史』のしめくくりとは反対に、この年表こそ県下の空襲の「全部」であると主張するものである。しかしそれは言うまでもなく科学の仮説であって、当センターとて『県史』がしめくくりで述べていることと似た問題を抱えていないわけではない。それを2つほど取りあげる。

岡山の3大河川のひとつの吉井川河口に立地する化学工場(帝国化工株式会社)が空襲で被災したことが社史(『帝国化工 60 年史　昭和 55 年 5 月発行』)に次のように記されている。

　　…また 20 年 6 月 25 日正午ごろ、水島の三菱飛行機製作所を爆撃した帰りの米艦載爆撃機 3 機が岡山工場を爆撃、小型爆弾 1 個が原料倉庫(螢石粉末保管)に命中し、屋根に約 1 坪(3.3 平方メートル)の穴をあけ、柱 2、

3本と壁2、3坪を破壊したが、従業員に死傷者はなく幸いであった。

　しかしこの被災が7月24日のことならわかるが、6月25日のことというの考えられない。この社史の記録の由来を追っているが壁にうちあたっている。7月24日のことだと決めてしまうほどの論証もまだできていない。
　もうひとつは、岡山市防空本部の日誌『防空警防詳報』（原本）の7月19日の項に、本部に届いた「情報」として次の記載がなされている。『岡山県ヘ侵入ノ敵ハ川上郡日田村部落ノ田ノ中ニ焼夷弾ノ投下ノ後北進鳥取県ヘ侵入』。しかし川上郡に「日田村」は存在しない。よく似た名の「日名村」は存在する（現高梁市成羽町の街の南）。一方『成羽町史通史編平成8.11.30成羽町刊』（川上郡成羽町：現高梁市成羽町）に「成羽地区でも、爆弾が落下したが（下坂本地域）幸い不発で、空爆の被害を受けることはなかった」と記されている。坂本地区は成羽町の日名とは反対の北部成羽川の支流の坂本川の最上流地域。『町史』の方は幸い執筆者に話を聞くことができたが、執筆者本人は出征中のことで直接目撃していない。弾種も発数もその処理がどうなされたか検証していないと言われる。ふたつの記事から、川上郡成羽町近辺になんらかの落下物があったことは事実と考える。中途半端な調査で虚構の記録をつくってはならない。この件については、直接地元での調査を現在計画中である。

3. 岡山県下空襲の全容

　岡山県下に存在した空襲を改めて一覧する。被災の場所はすべて県南の瀬戸内沿岸付近である。
　岡山県下では、航空基地や石油基地に対する空襲はない。米軍のター

ゲットが存在しなかったからである。原爆の投下訓練も岡山はターゲットになっていない。一方米軍の機雷海上封鎖作戦は、岡山で封鎖された港が存在しないのでその作戦の直接的影響は県下に及んでいないと考えていたが、岡山県下の瀬戸内海航路が2か所ターゲットになっていた。牛窓沖の女王丸触雷事故は偶然のことではないことを知った。

都市空襲は結果的に岡山だけで終わるが、倉敷については8月8日付の「目標情報票」が提出されている。敗戦が少しおくれれば空襲される可能性が大であった。

7月24日の米海軍艦載機の大襲来は、アクションレポートが見つかっていない。そのため、岡山そのものを目標にしていたのか、他所をターゲットにした機が岡山（県南）に襲来したのか不明である。7月24日は県南の工場、駅・列車などがねらわれている。

日本敗戦の直前、米軍B-29部隊は鉄道施設に対する作戦を開始する。しかしそれは、結果的に8月14日の岩国操車場への大爆撃だけで終わる。もし敗戦がおくれれば、岡山の鉄道施設も空爆される可能性があったのだろうか。この点を教えてくれる米軍資料がある。NARRATIVE HISTORY の基礎資料。米戦略空軍司令部が配下の20航空軍に与えた TOP SECRET の「作戦指令」文書。『諸君の全任務は、J.C.S（統合参謀本部）742/12 に述べてある通り、日本の軍事、工業、経済の各組織を破壊し、混乱させることを継続前進させることである』。この指令を、日本が条件付降伏の申し入れをした翌日の1945年8月11日に、わざわざ下している。そしてその「方法」として、実に48か所の鉄道施設（鉄道、駅、操車場、工場、鉄橋など）を攻撃目標として数えている。その目標のトップに岩国（MARIFU RR Yards）がある。ちなみに48か所の目標に、岡山の鉄道施設は含まれていなかった。

4. 年表

年表番号	1945年(昭和20) 月	日	マリアナ基地のAAFのB-29部隊(20AFXXIB.C.)の空襲 少数機	機雷	大空襲	余波	その他	米海軍 機動部隊艦載機	被災場所・死傷者数	機種・機数
①	3	6	○						現倉敷市・総社市・岡山市の境界 直接的人的被害なし	B-29・1
②	3	19						○	不詳	艦載機 延約130
③	3	19	△							B-29・1
④	3	29	○						現倉敷市連島沖の海中・なし	B-29・1
⑤	4	8	◎						玉野市和田三井造船社宅 20数人（死者8人）	B-29・1
⑥	4	12	◎						現倉敷市水島三菱航空機工場 36人（死者8人）	B-29・1
⑦	4	13	△							B-29・1
⑧	4	19	△							B-29・1
⑨	4	20	◎						水島三菱航空機工場の東約15キロ 北東の地点・死者1人	B-29・1
⑩	4	25	◎						水島三菱航空機工場 39人（死者9人）	B-29・1
⑪	5	5〜6		◎					笠岡市北木島の南北の航路と小豆島の北航路の2地点 （死者約200人）	B-29 17と9
⑫	6	22			◎				水島三菱航空機工場 57人（死者11人）	B-29 108
⑬	6	29			◎				岡山市街地・死者2,000人超	B-29 138
⑭	7	4				○			岡山市南部の農家5軒・なし	B-29・1
⑮	7	24						◎	岡山県南部・212人（死者44人）	艦載機・延二百数十機
⑯	8	8				◎			笠岡市北木島金風呂地区数十軒被災・死者2人	B-29・1
⑰	9	9					⊗		玉野市日比精錬所内捕虜収容所	B-29・1

第 1 章　岡山県空襲史序章草稿としの年表　17

投下弾種・発数	備　　考
500 ポンド GP・6	米軍のレーダースコープ写真・爆撃作戦。目標岡山。岡山県下最初の空襲。当センターブックレット 3『戦争の記憶』(2002.8 刊) で調査報告
不詳	米海軍空母エンタープライズの 3 月 19 日の Action Report にターゲットとして「KURASHIKI, MITSUBISHI MISHIMA」があげられているが、工場に被災の記録なし。機数は牛窓防空監視哨の捕捉数
500 ポンド GP・14	米軍の作戦計画に、現倉敷市水島三菱航空機工場をターゲットにした気象観測爆撃作戦が存在するが、地元に被災の記憶なし
500 ポンド GP・8	米軍のレーダースコープ写真・爆撃作戦。目標は水島三菱航空機工場。新聞報道あり
500 ポンド GP・23	米軍のレーダースコープ写真・爆撃作戦。目標は「玉島（水島）」。被災地はその東約 16 キロの地点。当センターブックレット 6『B-29 少数機空襲』(2006.8 刊) で詳細調査報告
500 ポンド GP・10	米軍の気象観測爆撃作戦。目標は水島三菱航空機工場
500 ポンド GP・12	米軍の気象観測爆撃作戦。目標は「玉島（水島）」。計画は存在するが爆撃報告なし。地元に被災の記憶なし
500 ポンド GP・12	上と同じ作戦。目標は水島航空機工場。地元に被災の記憶なし
500 ポンド GP・12	上と同じ作戦。目標も上と同じ。しかし、その東約 15 キロの地点が被弾
500 ポンド GP・10	上と同じ作戦。目標も上と同じ。少数機空襲ではめずらしく目標に命中。米軍は「Good（結果良好）」の損害評価
感応機雷 153 と 88	1945.3.27 からはじまる日本本土飢餓作戦のひとつ。岡山県沿岸で 1945.5.22～6 中旬までに船舶 11 隻触雷。(1945.9.9 付合同新聞)。200 人の死者は、1948.1.28 牛窓沖（小豆島北部）での関西汽船女王丸の触雷沈没によるもの
500 ポンド GP 2,411	グアムからの 314 航空団による大空襲。工場の屋根面積の 86% 破壊の損害評価。牛窓防空監視哨は 110 機捕捉を記録。当センターブックレット 1『1945.6.22 水島空襲』(2001.5 刊) で予備的調査報告
焼夷弾 大・小 2 種 約 95,000	大型は AN-M47A2 100 ポンド油脂焼夷弾。小型は E48 に集束された M74 10 ポンド黄燐・油脂焼夷弾。テニアン島からの 58 航空団による大空襲。市街地の 63% 破壊「excellent（結果優秀）」の最高ランクの損害評価
焼夷弾・(小型) 1 機搭載分	高松大空襲の B-29 の 1 機の侵入。小型 M69 6 ポンド油脂焼夷弾
GP・ロケット弾・不詳	7 月 24 日は米空母の Action Report 未見。牛窓防空監視哨延二百数十機捕捉を記録
焼夷弾・(小型) 1 機搭載分	福山大空襲の B-29 の中の 1 機の近弾（目標の手前）による被災。小型 M50 によると考えられる
救援物資	マリアナの B-29 部隊の最後の作戦。収容所の外にもパラシュート落下。戦闘ではないが、この作戦全体で 1,066 機が出撃。そのうち損失機数 8 機、死傷人員 77 人を出している

（注）

① 本年表にはあげていないが、1942年4月18日のB-25によるドゥーリットル空襲がある。県下への侵入はなかったが警報が発令された。

② 牛窓防空監視哨（県東部瀬戸内沿岸）によるマリアナのB-29の初捕捉は1944年11月21日のこと。

③ 表中AAFは「アメリカ陸軍航空軍」。20AFXXIB.C.は「20航空軍第21爆撃機集団」。GPは一般目的弾つまり通常爆弾。

④ 表中◎印は死傷者のでた空襲。○印は被災したが死傷者のでなかったもの。△印は米軍部隊の作戦（計画）として存在するが、県下に被災の記憶のないもの。⊗印については、表の備考欄に記した。

⑤ 「死傷者数」については、当センターの調査報告書（ブックレット等）の発表されていないものは1945年9月9日付合同新聞（県警防課9月8日発表：岡山県空爆被害）による。資料的裏付が充分にできていない。⑤は『玉野市史』、⑯は地元の記憶。

⑥ 年表の各項内容は、当センターの調査報告書（ブックレット等）の未発表のものは、地元のフィールドワーク等の限られた史（資）料による予備的調査の段階にとどまっている。⑬については、『B-29墜落 甲浦村 1945年6月29日』、『カルテが語る岡山大空襲』（ブックレット2）、『米軍資料で語る岡山大空襲』（ブックレット5）などの中間報告書がある。年表の⑪は近く調査報告書をまとめる予定。

⑦ 本年表の典拠の米軍資料は、主としてXXIB.C.の「OPERATIONAL SUMMARY（日報）」、「Tactical mission REPORT（作戦任務報告書）」、「DAMAGE ASSESSMENT REPORT（損害評価報告書）」、「NARRATIVE HISTORY（戦記）」などである。

5. おわりに

岡山大空襲の解明には、さらに日本空襲の全容把握を必要とする。その点は、全国の「記録する会」に大いに期待している。

当センターは、今年から「後期高齢者、岡山空襲資料センター」と新しい肩書きがつく。本年表の補完は若き学徒に託したい。

第 2 章

空襲・戦災の記録と米軍資料

1. はじめに

　本題は、戦争遺跡としてよく知られている倉敷市水島の亀島山の地下工場（6月22日のB-29の大空襲で壊滅した三菱重工業水島航空機製作所の戦争末期の分散・疎開工場）の保存に取り組む方から、この「地下工場にかかわる米軍資料」のことを尋ねられたことが動機になっている。

　県下で米軍資料の収集に専念する調査者は、他にいないようだし、亀島山の戦跡保存を強く願うひとりとして、できる限りの協力をしたいと考えた。しかし「どのような資料があるのか」と尋ねられたとき即答できなかった。理由は簡単。筆者はご案内のとおり岡山空襲の調査研究をしている者。地下工場の地元のことは、関心は大いにあるが、まだそれを正面にすえた調査をしていない。関連の米軍資料も、岡山空襲の調査のなかで、たまたま入手したものをあれこれ手元に置いているだけ。地元の切実な調査課題に照らして、実際にどれほど米軍資料が存在しているか、そのすべてをまだ把握していないのである。それで、際限のない仕事であるが、おくればせながら、これからそれに取り組む必要を強く感じたことである。しかし筆者にはもう残された時間があまりない。この点の追求は、若き学徒に期待するばかり。本題は、若き学徒が、こ

れから米軍資料にアプローチする際の多少の道案内に過ぎない。そのことを前もってお断りしておきたい。

2. 米軍資料の有用性

　米軍資料を利用することは、今日では各地の空襲・戦災の記録で、当たり前のことになっている。空襲・戦災は、戦争の中で起きたこと。したがって敵側の資料を見ないでは、記録は完結しないからである。
　敵の諸々の資料の真中にあるのが米軍資料。それは発生した当時は、言うまでもなく、㊙の軍の公文書。しかし今は、その大部分が㊙扱いは解除され、向こうの公文書館や資料館などで保存され情報公開されている。それは資料の乏しい日本側から見て驚くほどのたくさんの資料。各分野の多種・多様・多岐、しかもその下位基礎資料から上位資料にわたって保存されている。日本側の資料の不足を補って余りがある。各地で米軍資料が、格別注目されるのは、この点があるからだと思う。
　でも、米軍資料を利用しさえすれば、事足れりとするような記録はいただけない。米軍資料がどれほどあろうと、それはあくまで一方（敵側）の資料。日本側の資料の不足をすべての面で補完してくれることはない。ましてあれこれの米軍資料のつまみ喰いでは、何も明らかにならず、肝心の資料から虚構をひきだすことにさえなりかねない。
　記録にとって肝要なことは、足元の課題に即して資料を掘り起こすこと。敗戦国日本の資料は確かに少ないが、日本側の資料の不足をかこつばかりして、足元の調査を怠ってはいないだろうか。資料は探せば見つかるものである。その作業をいとわぬものにして、米軍資料が、私たちの記録の中で、きわめて有用な資料として存在していることがよく理解できると思う。

3. 米軍資料の2つの宝庫

私たちが、日本にいてアプローチできる米軍資料の宝庫が2つある。
① 『米国戦略爆撃調査団（USSBS）報告書及びその基礎資料』米国立公文書館マイクロフィルム
② 『第20航空軍・第21爆撃機集団 NARRATIV HISTORY（戦史）』米アラバマ州マクスウェル空軍基地内米空軍歴史研究センター（空軍の歴史文書館）マイクロフィルム

①は国立国会図書館、②はピースおおさかが購入所蔵している。当然この2つのマイクロに収められてないものはアメリカに行かねば収集できないが、この2つのフィルムだけでも何十万コマの資料。私どもの調査課題に充分応えてくれる。

2つのマイクロ資料群の由来と特徴に少しふれる。

①は、米大統領命令で組織された強力スタッフ（米軍ではない）による対日戦の各分野、各テーマの戦争直後の調査報告書。108本が提出されている。この報告書自体は米軍資料ではない。このマイクロには調査団が収集した一次的米軍資料や日本側資料が一緒に収めてある。報告書作成のために利用した基礎資料である。これが驚くほどぼう大な資料で、マイクロ何百巻にも及んでいる。余談だが短期間によくぞこれほどと思えるもの。調査団の調査能力の大きさにも感心する。

②は、マクスウェル空軍基地に保存されている米軍資料のマイクロフィルム。ここの資料センターは、アメリカ軍事航空の世界最大の最も価値ある文書のコレクションであるといわれている（ピースおおさか紀要 '95 vol.4）。

ピースおおさか所蔵のマイクロは、日本本土を焦土にしたマリアナのB-29部隊（第20航空軍の第21爆撃機集団）の「戦史」。部隊は対日

戦の戦闘継続中から部隊に「戦史将校（戦史担当官）」を置いて、戦闘経過を全分野にわたって月毎にその経過を詳述している。これが「NARRATIV HISTORY（戦史）」。彼らは戦闘継続中にそこからホットな戦訓を引きだし、続く作戦に役立てている。彼らが、この「戦史」叙述のためにする資料収集・集積にそそがれているエネルギーの大きさには目を見張るものがある。マイクロには、その集積した資料がすべて収めてある。

　なお、筆者は、空襲・戦災を記録する会全国連絡会議会報『空襲通信　第8号、2006.7.28』に拙文であるが「NARRATIV HISTORY（第20航空軍・第21爆撃機集団戦史）の資料的有用性」をのせているので参考にしていただければうれしい。

　筆者は、この①②2つの資料群（マイクロ）に定年退職後の10年来アプローチしているが、微力ゆえに、いまだこの2つの資料を極めるにいたっていない。そのことを付記しておく。

4.　USSBS報告書No.16『三菱重工業株式会社（会社報告No.1）』

　USSBSが提出した108の報告書のなかのNo.16の一本が首標の報告書。1947年6月刊行（調査期間1945.10.10～11.29）。同社の22の工場の調査をしている。報告書は本文約350頁。水島工場は第7。全体の20頁分を占めている。

　この報告書が水島の地下工場などにかかわる唯一存在する直接的資料。調査団は62年前地元で今日では手にはいらない資料を手に入れている。私たちの調査や研究は、先行の唯一存在するこの報告書を検証することなしには一歩も先に進むことはできない。

これまで地元の記録や語り継ぎで、この報告書はしばしば引き合いにだされているが、つまみ喰いや孫引きが多い。充分な検証を経ていないのである。この報告書の地下工場のプラン（平面図）を引用（孫引きが多い）してそれに「米軍資料」のキャプションを付しているものを多く見かける。ご案内の通り、USSBS は米軍ではないし、報告書は米軍資料ではない。米軍資料も見てはいるが、調査団の現地調査報告書である。調査団を米軍同様のように見る最初のボタンの掛け違いから、地元紙の水島空襲考察の記事のなかには、『米軍は偵察で全容把握』の見出しをつけた「米軍は偵察写真の分析から『亀島地下工場』を察知していたのである」まで登場している。

　米軍はこの時、水島の工場が分散・疎開していることは推測しているが、どれほど情報収集能力の高い米軍でも、分散疎開工場の正確なロケーションや、まして具体的な構築物などの把握は全くしていない。疎開工場のロケーションや地下工場のプランなどは、戦争終了直後の調査団の現地調査の際に会社側が資料提供することによって、すべて明らかになったことである。平面図引用の際のキャプションは、さしずめ「1945 年 10 ～ 11 月調査団現地調査の際会社側が提供」としなければならない。しかし筆者は今日まで、会社側が提供したと考えられる地下工場のオリジナル平面図をまだ見付けていない。しかし、この報告書の草稿をマイクロから見付けている。草稿は本報告書の何倍もの頁数があるが、草稿には、本報告書には取りあげられていない（抽象化された形では取りこまれている）会社側が提供した資料がいくつも含まれている。ただこの草稿には平面図はなぜか登場していない。その理由はわからない。

　いずれにしても、広くまた深く、この報告書自体の検証が必要である。これを裏返せば、さらに広く深く資料の探索と収集の努力をしなければならないということである。折角の資料を手にして虚構をつくりだ

すことはしたくない。正確な記録づくりのための資料の収集に際限はない。その労苦をいとう者に記録係の資格はない。

5. 肝心の米軍資料収集方法

　無量とも言える資料の宝の山から肝心の資料を手に入れるにはどの様にすればよいか。筆者の拙い資料収集の試行錯誤の体験から得た若干の知見を記す。

　①基本的には、宝の山を端から端から掘りくずして行くことしか道はない。自分もはじめは、国会図書館に通い数百巻（リール）のマイクロを端から次々回す作業をした。この中に何があるだろうかという持ち前の好奇心もあってのこと。20巻位は見た（1巻約1,000コマ前後）。しかしそのうちマイクロではなく自分の目が回りだし、この方法は挫折。これでは限られた時間の中で肝心の資料を得ることはできないと悟る。そこで人様に助けてもらうことにした。

　②米軍資料が情報公開されたのは1970年代にはいってからである。それから30数年経過している。全国の米軍資料の先行研究者（エキスパート）がおられる。私はその方々に、直接よい方法を教えてもらったのである。その方々は全国各地のA、B、C、D、E、F、G、H、I、J、その他の各氏。また今日ではこの方たちの労作である宝の山の資料目録（インデックス）も存在する。しかもそれは次第に記述が充実している。筆者の資料探索の際とても役に立った先行研究者の労作2点を紹介する。

　　森祐二「太平洋戦争期のアメリカ空軍資料・注釈付きファイル目録1）及び2)」、ピースおおさか紀要'95 vol.4／'96 vol.5 所収（マクスウェルの方）

金子力「米軍資料と空襲史研究」『空襲通信創刊号』1999.7.24 所収（主として USSBS の方）

　お蔭様で現在では、ぽつぽつながら、必要な肝心の米軍資料が入手できるようになった。
　③その試行錯誤の中で、自分にも米軍資料の特徴が次第に見えるようになってきた。ぼう大な量の米軍資料の宝の山は、その山にふみわけ入って見れば、それは決してカオスの世界ではなかったのである。米軍資料の特徴をよく知ることによって効率よく肝心の資料を収集することができる。
　米軍資料は、カオスの世界とは無縁である。B-29 部隊のきわめて合理的な戦術・戦略の採用の反映であるが、のこされた資料は誠に整然、秩序正しく存在している。6月29日の岡山大空襲は、中小都市空襲の3回目であるが、84分間の空襲で街の63％が破壊され、2,000人を超える市民が殺された。彼等は、この結果を「excellent（優秀）」と損害評価している。しかし彼等は最初から強かったのではない。彼等はマリアナからの B-29 による日本本土直接攻略で「犠牲（コスト）（自らの）は最少に、敵にはもっと多くの爆弾を！！」のスローガンを掲げ、最初の作戦から最後の作戦まで、作戦毎に計画と実行、作戦の失敗と成功を徹底分析している。作戦毎の本報告書「戦術作戦任務報告書（TMR）」がそれである。作戦には彼等の合理主義のあらわれであるが、1944年10月27日のトラック―デュプロン島攻撃を No.1 として 1945年8月14～15日の No.331（機雷）の最後まで、メジャーな戦略爆撃（①航空機工場・石油基地、②航空基地、③都市、④機雷海上封鎖など）については作戦任務番号は通し番号になっている（原爆は指揮系統が別で含まれない）。「TMR」は作戦の No.1 ～ No.331 まで揃っているのである。種々雑多な B-29 少数機空襲の場合は、「TMR」はつくられないが、「日報」

```
                    "炎の5ヶ月"              "強情な敵に対して、家屋敷を奪い、恐怖と死をもたら
          '45.3～8.15  大戦最後の5ヶ月        し、事実上荒廃した土地だけが残る状態にまで貶めた"
                                                              『第20航空軍小史』(1947)

  3.10～3.19    6.29   岡山大空襲  D-DAY              8.6 8.9  8.15
  ├─────┼──────┼──────────────────────────┼──┼──┼──→
```

╭───╮
│ ルメイの「焼夷電撃戦」(東京、名古屋、大阪、神戸、名古屋)   │
│ 『LOW ALTITUDE INCENDIARY NIGHT ATTACKS』   │
╰───╯

　　AAFの作戦前の目標情報
　　『AIR OBJECTIVE FOLDER (AAF情報部、ワシントンAC/AS室)』
　　『TARGET INFORMATION SHEET (AAFワシントン統合目標部)』
　　『JANIS REPORT (陸海軍合同情報研究報告)』他

　　『TARGET INFORMATION SHEET 90.27岡山6.20付』(XXIB.C.情報部)

　　XXIによる作戦直後の予備的報告から本報告書まで
　　『FIELD ORDER No.91 (野戦命令書No.91) '45.6.28付』
　　『テレコンメッセージ '45.6.29』
　　『司令部広報室新聞発表 '45.6.29』
　　『PRELIMINARY REPORT OF OPERATION No.234 (作戦No.234の予備
　　　的報告) '45.6.29付』
　　『OPERATIONAL INTELLIGENCE SUMMARY (日報) '45.6.30付』
　　『MISSION SUMMARY (作戦任務要約) '45.7.6付』
　　『DAMAGE ASSESSMENT REPORT (損害評価報告書) No.130 '45.7.12付』
　　『AIR INTELLIGENCE REPORT (週刊航空情報報告書) '45.7.14付』

╭───╮
│『TACTICAL MISSION REPORT (作戦任務報告書) 作戦No.234～237 '45.7下旬?』│
╰───╯

　　※各々に何層もの基礎資料・データが存在する
　　※XXI・20AFのTMRは、'44.10.27作戦のNo.1から、'45.8.15のNo.331まで存在する
　　　ただし、報告書の形式は作戦の種類により異なっている

　　　　　　図2-1　米軍資料の収集・選択・批判とその方法
　　　　　　　　―『TACTICAL MISSION REPORT』(TMR)の成立から見る―
　(出典)・米国戦略爆撃調査団(USSBS)収集の米軍資料群(米国公文書館マイクロ
　　　　　フィルム)国立国会図書館所蔵
　　　　・マクスウェル空軍基地内空軍歴史研究センター資料群(「NARRATIVE HISTORY」
　　　　　マイクロフィルム)ピースおおさか所蔵

で毎日の全作戦の予定と結果が報告されているので地元の記憶はこの「日報」で裏付けることができる。「日報」も No.1 から以降一日も欠けることなく存在する。岡山空襲資料センターブックレット 3『戦争の記憶』（2002.8.31 刊）及び同ブックレット 6『B-29 少数機空襲』（2006.6.29 刊）の 2 冊で県下の少数機空襲と「日報」を取りあげているので参考にしてほしい。

　また一方で、部隊の司令部上層部が戦況を判断するため、先に紹介したが『NARRATIV HISTORY』が記されていく。この記録も、一日も欠けることはない。

　米軍資料には、属性とも言えるような整然とした秩序性がある。各地の記録で注目される「TMR」も、その成立の過程に整然とその基礎的報告文書（資料）が並んでいる。作戦 No.234 の岡山空襲の場合を示してみる。前頁の図 2-1 に掲げた。以前に別の機会に報告したときの要項の一枚である。説明の繁をさけるために利用している。お許しいただきたい。

　作戦任務の No.1～No.331 まで「TMR」の成立にいたる過程は基本的に同じである。「TMR」がたとえ緻密、詳細、具体的なものでも、それをよりよく解読することは、その成立にいたる一連の報告に目を向けてこそできることである。米軍資料は、まことに質、量ともに奥深い。挑戦する相手としてはどこまでも頼もしい存在である。

6. おわりに

　地域、地元の切実な調査・研究課題をしっかりと抱いて、この米軍資料に果敢に立ち向かってほしい。特に若き学徒に期待する。

　新しいテーマや課題が生まれるたびに、何度でもそれに挑戦してほしい。重ねて言うが米軍資料は奥深い。そのたびに新しい発見があると思う。

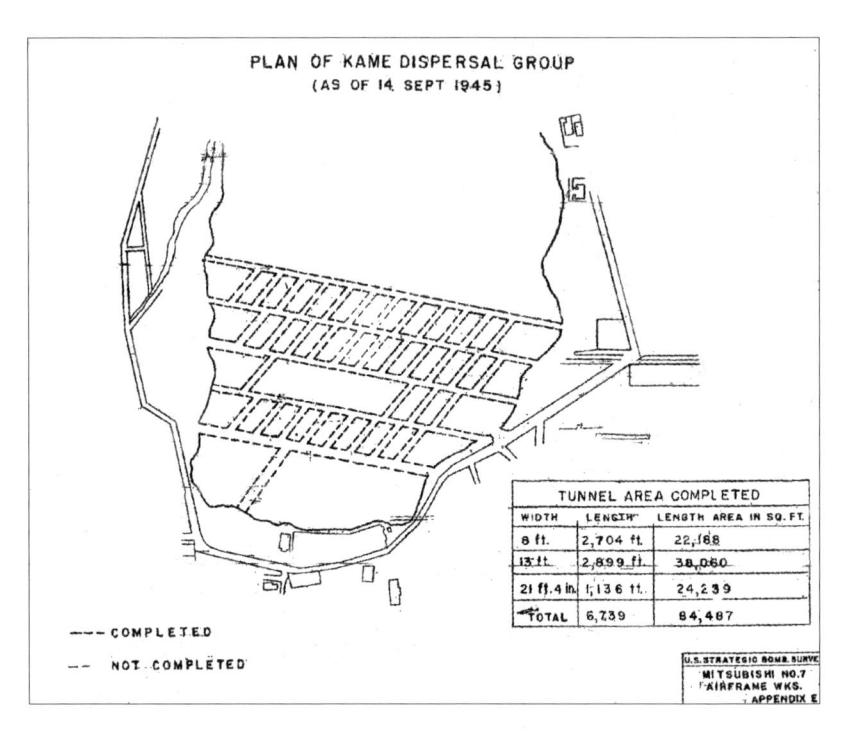

図2-2　国立国会図書館マイクロフィルムから
USSBS報告書No.16　会社報告No.1掲載の図面

コラム2：岡山空襲資料センターの10年に思う
（2007.8.4～5 空襲・戦災を記録する会全国連絡会議前橋大会で報告）

　沖縄戦敗北の一週間後の6月29日未明。岡山はテニアン島のXXI B.C.の58航空団のB-29　138機に大空襲される。日本敗戦の48日前のことです。当時、岡山市の人口は約16万人。市街地人口は、およそ10万余と考えます。軍事的にさほど重要な町ではありません（実際に米軍は攻撃エリアの標的として、①岡山城と小規模のバラック〈校舎〉、②煙草工場、③製粉工場、④岡山駅と操車場をあげている。軍事的標的は④だけ）。しかし岡山市民は、1週間前に水島（現倉敷市）の三菱の航空機工場が空襲されていることもあり、岡山の空襲も近いと、ひしと感じていました。ただ岡山が、広島より先にやられることなど思ってもみないことでした。空襲は警報のでる前に始まりました。紀伊水道を北上し、3方向から次々侵入するB-29は、およそ4,000mの高度から、2種類の焼夷弾（100ポンド油脂焼夷弾AN-M47A2、10ポンド黄燐・油脂焼夷弾M74）約9万5,000発を、街の中心部に設定した、ただ一点の照準点（爆撃中心点）を目印にして投下しました。空襲時間は、午前2時43分からの84分間。無防備の木造家屋の密集する岡山の街は、たちまち地獄の火の海となり、2時間ほどで姿を消しました。2,000人を超える市民が犠牲になりました。

　わが家は岡山市街地東端の公園地帯。操山丘陵（後楽園の借景として知られる）のふもと。照準点から2kmの地点ですが、焼夷弾の直接的被弾は、この位置で3回（3機分。大型が1回、小型が2回。小型M74は1機で約1,000発余り）確認しています。私は国民学校6年生。健気な軍国少年。しかし庭に1人で素掘りの壕を掘ったことぐらいで、B-29とたたかう術など全く持っていません。家も母校も街もすべて失って、無一物の難民として県北の山村に逃れます。そこで敗戦の日を迎えます。

　以来、少年は、なぜ軍事的にさほど重要でもない町が、これほど徹底して攻撃されたのか考えているわけです。それは体験しただけでは何もわからない。

それゆえ一市民であり、学者ではありませんが、調査・研究、資・史料の収集と検証の仕事を続けています。定年退職後に、自宅に、岡山空襲資料センターを置きました。以来、空襲・戦災を記録する会全国連絡会議に欠かさず出席しています。岡山空襲資料センターは前身の岡山空襲研究会の３年を含めて10年になります。10年続いたことは、各地の記録する会と全国連絡会議の存在なくしては考えられません。その間どれほど多くを全国連絡会議の場で学んだことでしょう。岡山空襲資料センターの山積する課題が、少しずつですが解決していきました。全国の「記録する会」は地域、地域で歴史があり、その活動のあり方に決まったものはありませんが、その中で共通する「記録する会」の活動の核になっている思いは、"確かな記録"を完成させ、それを"若い世代に引き継ぎたい"ということではないのでしょうか。マリアナのⅩⅪ・20航空軍の日本攻略のための空襲（航空機工場、石油基地、航空基地（特攻）、機雷海上封鎖、都市など）は1944年10月27日のトラックデュプロン島の作戦がNo.1。それが8月15日にはNo.331になる。岡山大空襲はその中のNo.234。岡山空襲は何だったのだろうか。それはこの331回の空襲全体を把握してこそ、いよいよ明らかになります。その点でも全国連絡会議の場が必要です。全国連絡会議の場は、調査研究と議論にシフトしてゆく必要があります。それなくして若き世代に、これまでの運動を引き継ぐ道はないと考えています。

第3章

米軍資料:「(SECRET) ANALYSIS OF REASONS WHY AIRCRAFT FAILED TO BOMB 1944.11.24～1945.1.14」について

1

　第21爆撃機集団（XXI B. C.）第33統計管理班調整の首標の表題米軍資料を、同集団の「NARRATIVE HISTORY（戦記）」（ピースおおさか所蔵の米アラバマ州マクスウェル空軍基地内空軍歴史研究センターマイクロフィルム）から拾い出した。A7780でこの資料にアクセスできる。首標の題の通り、「なぜ機は、爆撃に失敗したか。その理由」を分析の統計である（以下「失敗の分析」）。

　統計の開始の11月24日は、マリアナからのB-29による日本本土初空襲の日。よく知られた中島飛行機武蔵工場を第1目標にした空襲。統計はその日から52日間の作戦。この点のB-29部隊の初めての分析である。序文に「Preliminary Analysis」とあり、「同様の研究は、今後、毎月計画されている」と記されている。また本資料の主題には、「Preliminary Study」が添えてある。
　この資料は、統計の直後に司令部に提出されているものと考えるが、表紙を含めて11頁。序文が1頁。本文は6章で構成されている。
　　1章（MAGNITUDE OF THE PROBLEM）問題の重要性
　　2章（CHIEF REASONS FOR FAILURE TO BOMB）爆撃失敗

の主な理由
3章（REASONS FOR MECHANICAL FAILURE）機械的失敗の理由
4章（REASONS FOR PERSONNEL AND OTHER FAILURES）人為的及びその他の失敗の理由
5章（COMPARISON OF BOMBARDMENT GROUPS IN THE 73RD WING）第73航空団の構成爆撃群団間の比較
6章（CONCLUSIONS）結論

　この米軍資料「失敗の分析」を取りあげた理由。この資料は、対日戦略爆撃B-29部隊が、いかに闘っているか具体的に教えてくれる。彼らは驚くほど失敗から学んでいる。
　わが岡山に対する大空襲。6月29日の未明。138機のB-29による84分間の空襲。街の63％が破壊され、2,000人を超える市民が犠牲になった。米軍は結果「excellent（優秀）」と一度で作戦を成功させた。わが事であるが、その時11歳だった。少年の「必勝」の信念は、無惨にくだかれる。米軍の強さはまさに圧倒的だった。しかし実際は、初めから強かったのではなかったのである。
　はたして日本はそのときどれほど失敗から学んだのだろうか。また敵をどれほど知っていたのだろうか。失敗を学ばぬものに勝利はない。この米軍資料への筆者の関心はこういうところにある。

2

　XXI B. C. 第33統計管理班は、戦争直後に「第20航空軍は、いかに任務を遂行したか」について、対日作戦全体を統計的にまとめている。この「失敗の分析」は、そのなかの一コマである。「Twentieth Air Force, A Statistical Summary of its Operations Against Japan, 1944-45（第20航空軍　対日作戦統計概要）」（米国立公文書館マイクロフィルム）。100頁近い文書で、多くの統計表が収められている。そのなかに、この「失敗の分析」に関連の表がある。「PER CENT OF AIRBORNE FAILING TO BOMB PRIMARY TARGET FOR MAINTENANCE AND MECHANICAL REASONS（整備上及び機械的理由による第1目標への爆撃失敗出撃機の割合）」である。それには

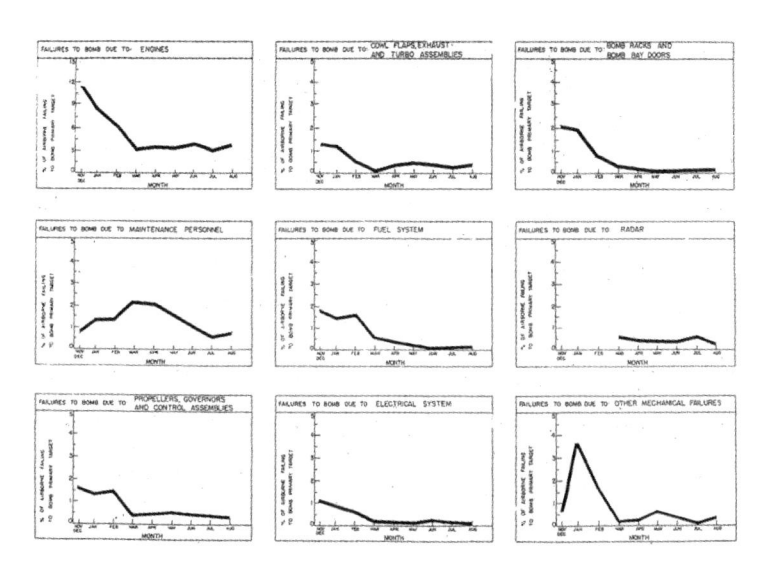

図3-1　PER CENT OF AIRBORNE FAILING TO BOMB PRIMARY TARGET FOR MAINTENANCE AND MECHANICAL REASONS

9葉の統計グラフが掲載されている。イメージまでにその縮小コピーを前頁に掲げた。

マイクロからのコピーでクリアーでないが、各グラフの上に、失敗の原因（か所）に当たるものが記してある。左から右に見る。①エンジンが原因と考えられる投弾の失敗。B-29の構造、メカニズムまた航空力学にうといものが、一知半解の訳を付すのははばかられるが、続いておよそを記すと、②カウルフラップターボ給排気器、③爆弾架及び弾倉ドアー、④人為的整備保全、⑤燃料系統、⑥レーダー、⑦プロペラ調整器及び操縦装置、⑧電気系統、⑨その他の機械的失敗である。

縦軸のキーは、どれも「% OF AIRBORNE FAILING TO BOMB PRIMARY TARGET（第1目標への投弾失敗の出撃機の％）」、横軸の月の最初は「11月・12月」となっている。明らかに統計のはじまりが11月24日であることを示している。

彼等は、機械的原因ひとつについても、これほどこまかく故障か所別に分析している。取りあげたついでに、本題から少しはずれるが、このグラフの語るところをひとつだけ取りあげる。見てとれる様に各グラフは、④を例外としてみな、3月期以降大きく失敗をへらしている。これは高高度爆撃から低・中高度爆撃に戦術転換することによって実現していることは明らかである。逆に高高度爆撃の機体へのストレスがいかに大であるかを語っている。ただこの点について、彼等は、失敗の原因の徹底分析を通じて、戦術転換も含めて、はじめて実現していることを知る必要がある。本題の「失敗の分析」はグラフの意味をよく読みとるうえで役に立つはずである。

「XXI BOMBER COMMAND COMBAT CREW MANUAL 1945年5月」（『XXI B.C. B-29搭乗員便覧』）がある（米国立公文書館マイクロフィルム）。

「B-29搭乗員諸君へ」とする序文を司令官ルメイが記している。

「……この便覧は、諸君のために、多くの資料をもとにして作成されている。それは3年に及ぶ戦闘経験によって得られたものである。それをよく学べ。(Study it.)」と訴えている。そして「"わが軍の損害は最少に。敵にはもっと多くの爆弾を"というわが軍の究極の目標に向かって進む助けになると思う」という言葉で序文をしめくくっている。

3

本題の「失敗の分析」を紹介する。
6章を章毎にかいつまんで紹介する。
第1章「問題の重要性」
「失敗の分析」の基本になる2つの統計表を示している。第1の表を下に掲げた。

SUMMARY OF A/C FAILING TO BOMB PRIMARY AND FAILING TO BOMB ANY TARGETS		
Aircraft Airborne	1099	100.0%
Aircraft Bombing Primary Target	648	59.0%
A/C Failing to Bomb Primary Target	451	41.0%
A/C Failing to Bomb Any Target	200	18.2%
A/C Bombing Secondary, Last Resort and Targets of Opportunity	220	20.0%
A/C Bombing Pagan, Bonins, Rota	31	2.8%
Total A/C Bombing Other Targets	251	22.8%

　1944.11.24〜1945.1.14の間に、XXI B. C.の遂行した13回の大空襲と110回の気象観測爆撃作戦任務についての統計である（気象観測爆撃作戦任務は普通単機または少数機で実施される。このことについては、『空襲通信第7号』拙稿「『第20航空軍1944.11〜1945.8.15の間

の各種の戦闘作戦任務の概要』について」を参照してほしい)。

　この表で、この期の作戦任務の成功率(第1目標への投弾)は59%にとどまっていることを知る。失敗は41.0%。失敗の内訳は、①どの目標にも投弾できない失敗が、200機18.2%、②第2目標・最終切札目標・臨機目標投弾が220機20.0%、③パガン、ボニン、ロタ島などへの投弾が31機2.8%となっている。①②③の中の① any target の失敗が完全な失敗ということではある。

　そして「この調査・研究は、この失敗の原因を明らかにするものである」として、第2の統計表「REASONS WHY AIRBORNE AIRCRAFT FAILED TO BOMB PRIMARY TARGET」がある。その表の内容をかいつまんで説明する。

　451機(ケース)の失敗をその「タイプ」により3つに分類する。①「機械的理由」、②「人為的理由」、③「その他の理由(気象、編隊など)」。それは451を100%として① 51.0%(230)、② 22.2%(100)、③ 26.8%(121)である。

　①の「機械的理由」を100%(230)として、それをさらに15の故障部位に分けてその割合を示している。最大は「Engine Trouble」50.4%で、以下「Fuel System(燃料系統)」12.2%、「Propeller and Prop. Governor(プロペラ及び調整器)」9.1%、「Bomb Bay Door & Mechanism(爆弾倉ドアーと装置)」7.3%、「Turbo and Exhaust System(ターボ給排気系統)」6.1%。以下「Electrical System(電気系統)」、「Gauges and Instruments(計器類)」、「Domes and Windows(ドームと窓)」、「Carburetor(気化器)」、「Oil Cooler Flaps(オイル冷却弁)」、「Cowling(発動機カバー)」、「Landing Gear(着陸装置)」、「Turrets(突出機銃座)」、「Oxygen(酸素系統)」である。

　第2章「爆撃失敗の主な理由」

　この章で、第1章の表が示す問題を取りあげている。「前頁(第1章)

の表が示す通り、努力を減額する最大唯一の原因は機械的失敗（機能不全）であった」と指摘している。この章でのコメントはあまりない。「各々の作戦任務の失敗のすべての割合をここで示すべきだが、それは非常に幅広く多様で、その傾向の正確な説明はまだできない」といっている。

第3章「機械的失敗の理由」

「BREAKDOWN OF MAJOR MECHANICAL FAILURES（機械的失敗の、大きいものの分析）」の表を掲げている。それぞれ失敗の原因となったか所の故障・不全の割合を細かく示している。「エンジン16か所の部位・か所」、「ターボ過給器及び排気3か所」、「弾倉ドアと装置4か所」、計37か所。

B-29の構造、メカニズム、航空力学などに無知なので、この章の説明はこれ以上しない。

第4章「人為的及びその他の失敗の理由」

Personnel Errors（人為的エラー）	機数	%
Navigation（航法）	16	34.8
Bombardier（爆撃手）	16	34.8
Airplane Commander（機長）	7	15.2
Engineer（機関士）	3	6.5
Ground Crew（地上整備員）	3	6.5
Unknown（不明）	1	2.2
計	46	100.0
Other Failures（その他の失敗）		
Weather（気象）	27	46.6
Lead Ship Failure（先導機のエラー）	17	29.4
Squadron Reduced（戦隊離脱）	8	13.8
Illness（病気）	2	3.4
Aborts on Runway, couldn't catch Formation（離陸失敗と編隊落伍）	2	3.4
Circled Survivor（引き返し）	1	1.7
Unknown（不明）	1	1.7
計	58	100.0

Note（注）上表には、気象観測爆撃作戦と詳細な理由の明らかでなかった117ケースは含まれていない。

4章は「REASONS FOR PERSONNEL AND OTHER FAILURES」の統計表を掲げている。以上。

　この統計についての説明は不要と思う。ルメイの「B-29搭乗員便覧」の必要性がここにあると思う。

　第5章「73航空団の群団間の比較」

　4個群団（497th, 498th, 499th, 500th）間の比較の表があるが、説明は省略する。最終章の「結論」でこの統計から明らかになった問題点が指摘されている。

　第6章「結論」

　この結論で「失敗の分析」で得た教訓（戦訓）が記されているので、その全部を紹介する。この章の解読については、昨年の第36回今治大会で出会った「今治市の戦災を記録する会」の藤本文昭氏の援助をいただいた。

　「（日本本土への）作戦が始まって間もない頃は、失敗の原因は機械的なものとみなされ、人為的なものとされることは非常に少なかった。しかしこの期間の作戦が終盤にかかったころ、「航空機事故調査委員会（Wing Abort Board）」は、機械的原因とする大部分を「疑問点あり」、「根拠不明」と分類している。仮に委員会が、作戦開始直後にこのような調査をしていれば、結果はおそらく、搭乗員の人為的エラーの割合は大きくなり、機械的な故障の割合は7％ほど減少したであろう。委員会は、後半の6回の作戦で、第1目標に投弾できなかった事例の14％を、疑問あり、更なる調査が必要と見ている。また、もし委員会が第1目標投弾に失敗したすべての機の報告をすれば、もっと正確な事実がわかるだろう。

　しかしながら、このような限定的条件下でも、この予備的調査・研究は、以下の要因に、対策を練ることによって、爆撃群団に、第1目標投

弾の率を上昇させる助けになると指摘している。
① 機械的失敗（故障）が最大の原因として残っている。特にエンジンが最大の困難点である。シリンダー、バルブプッシュロッド、バルブスプリングが主な故障か所である。燃料系統とプロペラの故障が、その他の大きな機械的な問題である。
② 機械の故障とされ「疑問点あり」とされた多くの事例は、搭乗員の士気や訓練に相当問題があることを示している。この原因である、航法士や爆撃手のエラーや、先導機の事故の場合の先導機と追随機の失敗については、より充実した訓練方法や装備の使用方法の教育が一層必要であると指摘される。
③ 最後に、各爆撃群団間での第1目標投弾成功率の著しい差のあることについて、次のことが言える。いくつかの（成功率の低い）群団は、成功率の高い群団が採用している投弾方法や訓練を充分に用いていないのではないか。そして同時に、各群団間に、機械的原因にも大きな差のあることは、成功率の高い群団の経験・教訓を生かしていない群団があることを示唆している」。

4

彼等は実によく失敗から学んでいる。

岡山を空襲した第58航空団が、作戦を大成功させた（計画の約120％の達成率）のも、ただ単に彼等が物量にめぐまれて強かったということだけではなかったことがわかった。

"Study it."ルメイの言葉を借りて自らに言いきかせている。

第 4 章

NARRATIVE HISTORY の資料的有用性
―― 第 20 航空軍・第 21 爆撃機集団戦史[1] ――

1. はじめに

　米軍資料『NARRATIVE HISTORY』は、私たちの記録にかかせない有用な資料である。それは、空襲研究者、なかでも米軍資料の調査研究者には周知のことで、浅学の身が殊更それを言い立てるつもりはない。しかしその一方で、この有用な資料が、あまり活用されていない現実があるので、本題を提出する気になった。

　確かな記録は、一地域だけで、まして個人的な努力だけでできるものではない。資料の掘り起こしと検証作業とて同じである。それは、空襲・戦災の記録に参加する仲間の共同事業としてはじめて達成できると考えている、本題はその共同作業の発展を切に願って提出するものである。

2. 『NARRATIVE HISTORY』のマイクロ

　アメリカアラバマ州のマクスウェル空軍基地内にあるアメリカ合衆国空軍歴史研究センター（USAF Historical Research Center）に、ぼう大な量の空軍の「史料」が保存されている。といっても筆者は自分の

第4章 NARRATIVE HISTORYの資料的有用性——第20航空軍・第21爆撃機集団戦史—— *41*

目で見ていないが[2]。その「史料」のなかに、B-29戦略爆撃機部隊XXIB.C.が、対日戦最中に作成した『NARRATIVE HISTORY』(「本編」とその典拠資料をファイルにした「資料編」)がある(以下「NARRATIVE」と略記する)。マクスウェルの同センターはマイクロフィルムを作っていて、ピースおおさかが購入、所蔵している。お陰で私どもも、その資料の利用が可能となっている。

　私は、彼ら(敵側)が総力戦の最中にどれほどの記録や資料を残したか、その山ほどの生の資料全部を実際に見てみたいという強い願望をずっと捨てきれないでいる。その気持ちのまま、マイクロを回している。

　このマイクロの利用に当たって、次の論文が役に立つ。もしこれがなければ、マイクロの実際の利用は困難を極めだろう。そのことを特筆しておきたい。

　　森祐二「太平洋戦争期のアメリカ空軍資料：注釈付きファイル目録(1)／(2)」『大阪国際平和研究所紀要1995年版Vol.4／同1996年版Vol.5所収』

　　佐々木和子「第20航空軍・第21爆撃機軍団戦記史料の目録記述の試み—記録史料学からみたピースおおさか史料—」(同前紀要2001年版Vol.10所収)

　前者は個々のファイル資料の目録であるから言うまでもなく、マイクロの利用に欠かせぬものである。マイクロは、個別の資料がどこまでも縦に一列に並んでいるだけ。もし目録がなければ、肝心の資料を引き出すことは困難で、資料体の構造や性格など簡単に把握できない。後者は、記録史料学の見地から、資料体の構造・性格を分析しており、目録記述をさらに充実させる労作である。これから、「NARRATIVE」の内容、構造にかかわる説明を引用させていただく。参考にされたい。

> 資料内容：第20航空軍、第21爆撃機軍団戦記は、第21爆撃機軍団が配備された直後の1944年3月8日から、東京湾のミズリー号船上で降伏文書に署名した1945年9月2日までを対象としている。内容として、第20航空軍および第21爆撃機軍団に所属するB-29部隊の作戦（tactical operation）、補給（supply）、整備（maintenance）、人員（personnel）、月表（chronology）などが記されている。本文には、脚注（footnotes）がつけられ、その記述のもとになった参考資料（documents）があげられている。本文のあとには、参考資料リスト（list of documents）が掲載され、さらにその参考資料が添付されている。
> 編成：第20航空軍、第21爆撃機軍団戦記は、1944年3月8日から7月1日まで、1944年9月1日から10月31日まで、1944年11月1日から12月31日まで、1945年1月1日から2月28日まで、1945年3月1日から31日まで、1945年4月1日から30日まで、1945年5月1日から31日まで、1945年6月1日から30日まで、1945年7月1日から9月2日までと9巻にわかれている。

　言うまでもないが、目録はあくまでサンプリングである。資料の本質を知るためには、資料に自ら直接当たらなければ、確かなことは何ひとつ得ることができない。

　本稿後節では、マイクロではあるが原典に当たって得た若干の知見を記すことになる。

3.　「NARRATIVE」の資料性

　B-29部隊は、対日戦の最中に、自ら「戦史」を作成した。その目的は何か？　資料を読めば、それが奈辺にあるかわかるが、前出佐々木論文は、それについての直接的言及はしていない。しかし、奥住喜重氏が

第4章　NARRATIVE HISTORYの資料的有用性——第20航空軍・第21爆撃機集団戦史——

「空襲通信」に発表された次のリポートで、それがはっきりする。「B-29部隊の戦史計画」(『空襲通信—空襲・戦災を記録する会全国連絡会議会報』第3号2001.8.11所収)である。

氏は、XXIB.C.が早い段階から、戦史計画をたてて部隊の要所に戦史将校(Historical Officer)を配置していることを、XXIB.C.の規定20-1文書(1944.12.3付)によって紹介している。その目的は、「進行中の戦争において、自分たちの経験を記録に残すこと、包括的で正確な記録を作成すること、併せて、戦争努力に役立つ情報を広く知らせること」という。奥住氏のリポートは、「NARRATIVE」とリンクさせていないが、改めて「NARRATIVE」(「本編」)を見ると、そのINTRODUCTION(序文)の章の文末には「Staff Historical Officer(戦史担当官)」と記されている。参考までに3月期の序文をのせておく(図4-1)。この際3月の序文の内容にも注目してほしい。ちなみに3月の「NARRATIVE」の文書権限者ルメイの署名の日付は、1945年5月10日である。

「NARRATIVE」は、XXIB.C.の戦史計画に由来するものであることがわかった。余談だが、マクスウェルやアメリカ国立公文書館などに保存されているぼう大な史(資)料群の存在は、偶然の結果でなく、戦争継続中から、計画的、組織的に多大のエネルギーをさいて資料収集と保存に尽くした結果だと知って、敵側のことながら、ある種の感動を覚えた。

「NARRATIVE」の資料性にかかわって、もうひとつ忘れてならないことがある。「戦史」と言えば、重要な一次的米軍資料としても扱われている米国戦略爆撃調査団(USSBS)報告書と米陸軍航空軍史(第5巻)の2つがある。その資料的価値の筆者の説明は不要と思う。ここでは3つの「戦史」の関係性を問題にする。結論を言えば、「NARRATIVE」は、これら「戦史」の原点的位置にいるということである。そのことを、米軍資料収集の過程でした筆者の苦い経験の事例で説明する。

> INTRODUCTION
>
> The aggressive leadership and tactical skill of General LeMay was reflected most strongly during this period in the great incendiary raids on Japanese cities. These raids will be a milestone in the history of strategic bombardment. To date, it has been the most outstanding single accomplishment against the enemy with the B-29 aircraft.
>
> Mining operations in cooperation with the Navy were carried out as an aside to the main task of the strategic bombing of Japanese war industries. However, the versatility of the B-29 as an aircraft that could carry out many types of operations was being established. At this time it is impossible to evaluate the full success of the mining operations.
>
> Careful studies of the needs of the Command for increased efficiency in theater operations were being carried on continuously. New young officers of strong abilities were joining the Command to fill key staff positions.
>
> A feeling of confidence in the accomplishments and potentials of the Command has reached all echelons and done much to lift the morale.
>
> Staff Historical Officer

図4-1 XXIB.C. NARRATIVE HISTORY 1945.3.1〜3.31の期間の序文
（ピースおおさかマイクロフィルム）

　2005年春、拙岡山空襲資料センターでは、国会図書館のUSSBS報告書の関係資料マイクロのなかで見つけたXXIB.C.の資料を紹介するため、『米軍資料　ルメイの焼夷電撃戦―参謀による分析報告―』を出版した（2005.3.10）。その米軍資料は、ルメイの幕僚による3月10日の東京大空襲にはじまる、いわゆる「焼夷電撃戦」の分析報告書。全45頁。頁のナンバーリングは、報告書の付書に1頁があり、表紙が2頁となっている（図4-2の左）。この資料の重要性を認められた奥住喜重氏が、訳と解説の労をとってくださり出版することができた。

　さて問題は次のこと。その著書が出版された後、この資料には頁ナン

第4章 NARRATIVE HISTORYの資料的有用性——第20航空軍・第21爆撃機集団戦史—— 45

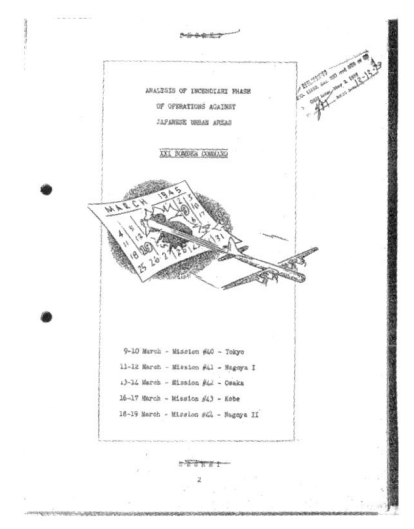

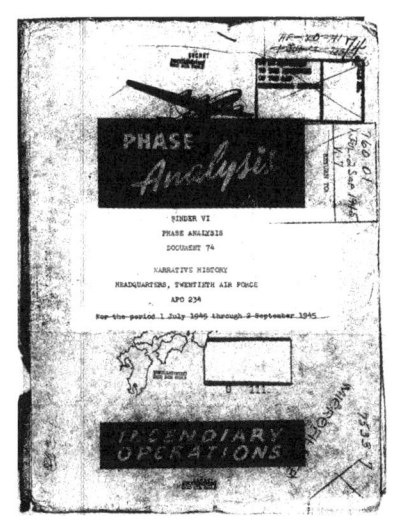

（国会図書館マイクロ）　　　　　　　　（ピースおおさかマイクロ）

図4-2　報告書の二種類の表紙

バーのないもう一枚の表紙があることがわかった。そのことに気付いたのは奥住氏だった。私どもの資料情報によってNHK取材班がアメリカに出かけオリジナルを録画して持ち帰った映像にそれが映っていたのである。ほぼ同じころ工藤洋三氏からもその存在を知らされた（図4-2の右）。USSBSのマイクロには、その方の表紙は収められていない。7月度の「NARRATIVE」のバインダーに同じ資料がファイルされていることは知っていたが、もう1枚の表紙の存在など考えもしなかったので、マクスウェルのマイクロの方は見るまでもないと思って閲覧しなかったのである。しかし同じ資料のマイクロでも「NARRATIVE」の方が一次的なものだった。もちろん出版の本は、奥住氏が、十全に解説されていて、問題をかかえることは全くないが、強いて言えば、取りあげた資料の価値の評価を少し控え目にしているということがあるかもしれない。

奥住氏は、その訳と解説に当たって、これがきわめて重要なものであることを見抜いていて、陸軍航空軍史（第5巻）は、その内容を見れば間違いなくこの分析報告書に典拠していると思われたが、航空軍史の脚註になぜか典拠の記録が見えない。そのためこの資料の性格に今ひとつはっきりしない点を感じたのである。それは無理もないことだった。このもう1つの表紙を得るまでは、分析報告書の資料名を、2頁の表紙の正題あるいは1頁の付書の主題「ANALYSIS OF INCENDIARY PHASE OF OPERATIONS …」としていたのである。そのことに間違いはないが、もう1枚の表紙は表題を「PHASE Analysis」としていたのである。これで謎はとけた。改めて陸軍航空軍史の脚註を見ると、「XXIB.C. Phase Analysis…」と何か所にもわたって記されていた。もう1枚の表紙を収集して、改めてこのルメイの参謀幕僚の分析報告書が、きわめて資料的に重要なものであることが確認できたのである。あわせて「NARRATIVE」は USSBS にない資料的価値を持っていることもわかった。教訓は「史（資）料は原典の原点に当たれ」ということである。オリジナル資料によることがどれほど大切なことか。

4.　「NARRATIVE」の有用性

　私たちの記録の究極の目標は、その全体像を描ききること（共同事業の必要性）。それが実現できてはじめて歴史の記録に貢献できる。また記録は、たとえ特定の限られた地域を対象にするものでも、歴史全体（歴史的背景）に位置づけなければ、その本質は明らかにならない。私たちの記録は、いつでもどこでも、その全容把握とそれへの位置づけが求められている。

　「NARRATIVE」は、この作業に欠かせない米軍資料と考えている。

第4章　NARRATIVE HISTORYの資料的有用性――第20航空軍・第21爆撃機集団戦史――

「戦史」としての「NARRATIVE」は、USSBS報告書や陸軍航空軍史（第5巻）とは、もう1つの点でも性格を異にしている。'narrative'の意味は、「recital of facts（事実の詳述）」。それは、「事実判断（事実そのもの）」を基調にして叙述された記録である。上の2つの「戦史」の様に、「戦争」を大総括することこそしないが、XXI B.C.の戦史計画があって、「戦争」の最初から終わりまで、その全過程を1日も欠くことなく時系列で記録する。それ故、単に歴史の記録の"素材"が多数集積すると言うにとどまらず、「戦史」として成立している。それ故にこそ「NARRATIVE」は、私たちの記録の視野を広げる有用な資料として存在しているのである。

「NARRATIVE」の「recital of facts」は、実際には、その時どきの「作戦分析」「日誌」「メモ」「月表」「統計」「敵情報」「報告書」など、さまざまな形態をとってなされているが、次のようなエピソードもひろうことができる。すこし横道にそれるが、「NARRATIVE」の特徴にかかわることなので許されたい。

岡山空襲（1945.6.29）のとき、司令官ルメイは、ワシントンに出張し、司令部を留守にするが、出張の際ルメイは、ハワイ―ワシントン間で4,640マイル（20時間15分）のB-29無着陸飛行距離新記録を樹立する。6月のできごとの1つとして記録されている。

1945.5.20付の日誌の医療部門の参謀による記事で、この日水運搬船がマリアナに「POSTMISSIONAL WHISKEY」を届けたことを知った。グアムに65ケース。テニアンには313航空団用として25ケース。58航空団用として45ケース降ろしたと言う。このときサイパンには降ろしていないようだ。日誌の終わりに、部隊全体の必要性を満たす充分な量が供給されることを期待するとある。筆者はこの記事を読んだとき、「ウィスキーはスコッチ、はたまたバーボン？　さてどっちだろう」と思ったことを告白する。辞書によれば、通例米国及びアイルラン

ド産は whiskey、英国及びカナダ産は、whisky と綴るとある。早速ウィスキーの量販店でボトルのラベルをチェックした。確かに辞書の言う通り英国産スコッチとカナダ産は「ky」。米国産バーボンはみな「key」だった（アイルランド産は在庫がなく未確認。ちなみに日本産はみな「ky」となっている）。この日のウィスキーは資料の綴りが key だし、アメリカだからバーボンに間違いないと思うが、実際にその通りだったかどうかはまだわからない。

さて「NARRATIVE」の有用性。それを知っていただくためには資料自身に語ってもらうのがよいので、図4-3、図4-4を掲載する。

図4-3は、1945.7.1～9.2の期間の「NARRATIVE」本文の目次である。通常であればこの期は7月だけのものとしてあるものだが、7月が

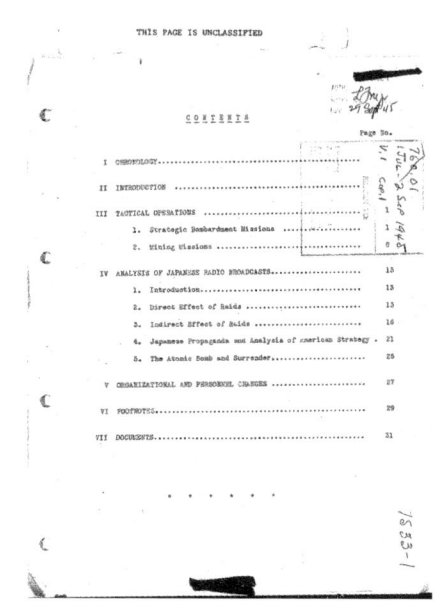

図4-3　1945.7.1～9.2の期間の「NARRATIVE」の目次
（ピースおおさかマイクロ）

第4章　NARRATIVE HISTORYの資料的有用性──第20航空軍・第21爆撃機集団戦史──　*49*

まとめられたときは、戦争が終結してるので、9月2日降伏調印まで取り込んだものと考える。したがってこれは原爆と降伏調印までを含んでいる（6月の「NARRATIVE」のルメイの署名は8月24日付。この最後のものの署名は9月29日付である）。

　この図4-3の目次のⅢの1の部分については、幸いに米山和也氏による訳文が『空襲通信第3号』（2001.8.11）に掲載されているので参考にしていただきたい。

　図4-4は、やはり7.1〜9.2の期間のものだが、本編でなく、バインダーにファイルされた統計資料である。岡山空襲が6月であるからその位置づけに利用しているもののひとつ。統計資料は、XXIB.C.の第33統計管理局という専門の部局で作られているものがいくつもある。昨年の『空襲通信7号』で、そのひとつ「第20航空軍1944.11〜1945.8.15の間の各種戦闘作戦任務の概要」、いわゆるB-29の少数機空襲の統計を紹介した。4は広報部発表の統計であるが、もとは専門の部局の作成したものであることは間違いない。紙幅の都合で掲載は最初の一頁だけなのでかわりに同資料により作成した表「XXIB.C.都市・工場目標6月作戦（41回）」を次にのせておく。

　これらの一次資料により、自分自身で作表してみて教えられたことがいくつかあった。これまで岡山空襲を中心に都市空襲ばかりに目が向き勝ちであったが、米軍のこのときの作戦全体に視野を広げることができた。6月段階、中小都市へとB-29の無差別爆撃は、拡大していく。確かに6月の「NARRATIVE」は、6月度の都市への空襲は、全出撃機数の64%と押さえている。しかし、6月段階はその一方で、全国の工場に対する精密爆撃も徹底して展開しているのである。作戦回数でいえば6強（工場）：4弱（都市）である。出撃機数で見れば逆転はしているが、この徹底した工場空襲の存在をはっきり知ることになった。6月22日の三菱重工業水島航空機製作所大空襲もこの工場目標作戦26回の中

XXIB.C. 都市・工場目標6月作戦 (41回)

作戦月日 (出発日)	工場目標	都市目標
1945.6.1		大阪 (D)
6.5		神戸 (D)
6.7		大阪 (D)
6.9	ナルオ (D)、アカシ (D)、アツタ (D)	
6.10	カスミガウラ (D)、トミオカ (D) タチカワ (D) チバ (D) オギクボ (D) タチカワ (D)	
6.15		大阪・尼崎 (D)
6.17		鹿児島 (N)、大牟田 (N) 浜松 (N)、四日市 (N)
6.19		豊橋 (N)、福岡 (N)、静岡 (N)
6.22	クレ (D)、ミズシマ (D)、 ヒメジ (D)、カガミガハラ (D) カガミガハラ (D)、アカシ (D)	
6.26	オオサカ (D)、オオサカ (D)、 アカシ (D)、チグサ (D)、 アツタ (D)、カガミガハラ (D)、 エイトク (D)、ナゴヤ (D)、 カガミガハラ (D) ヨッカイチ (N)	
6.28		岡山 (N)、佐世保 (N) 延岡 (N)、門司 (N)
6.29	クダマツ (N)	
計	26作戦	15作戦

(注) ①同表と同じものが「NARRATIVE」以外の他の米軍資料によっても作表できる。
②表中の (D) は白昼空襲、(N) は夜間空襲。
③都市目標は、6.15 大阪・尼崎の爆弾・焼夷弾の併用を例外にして他は基本的に焼夷弾空襲。
④工場空襲はすべて通常爆弾による。
⑤工場空襲で例外的に夜間空襲となっているヨッカイチとクダマツは共に石油施設である。
⑥工場名は便宜的に略記した。実際と比定していない。
⑦□は岡山県下の空襲。
⑧実際の空襲時の日付は出発日とちがっている場合がある。

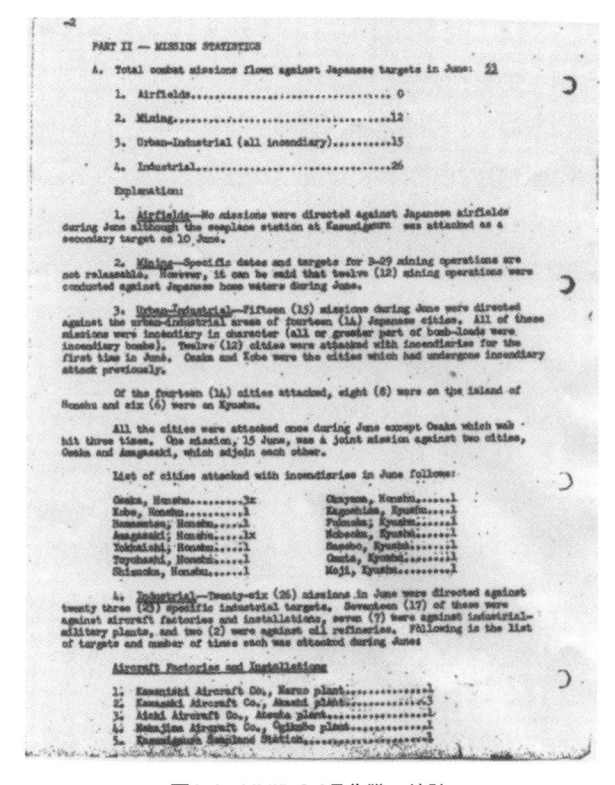

第4章 NARRATIVE HISTORYの資料的有用性——第20航空軍・第21爆撃機集団戦史——　*51*

図4-4　XXIB.C.6月作戦の統計
（出典）『NARRATIVE HISTORY 1945.7.1〜9.2の期間』バインダー4広報部発表（ドキュメント70〜72）から
※この頁に続いて、Aの4の続きとPART Ⅲ（6月の経過）、Ⅳ、Ⅴ（損害評価）Ⅵ（6月のできごと）Ⅶ（その他）の10頁がある
（ピースおおさかマイクロ）

にあった。

　しかし7月度は、工場への作戦回数は15回、都市は34回で3：7とそれは逆転する。出撃機数の割合はもちろん6月度より増加することは言うまでもない。7月の「NARRATIVE」は、それを「Urban incendiary targets recieved by far the greater proportion of the bombing effort of the Air Force.」と記している（図4-4）。

焼夷弾による無差別爆撃は7月がピークで、その最後に空襲予告の第1回リーフレット心理作戦が登場する。
　6月末の岡山空襲は、中小都市空襲の3回目であるが、「もしもほかの小都市の住民が自分たちの未来は灰色だと思っているのならこの空襲（岡山空襲）はそれを真黒にするであろう」(XXIB.C.目標情報票：岡山）と意義づけて実行している。岡山はリーフレット心理作戦で予告された空襲ではなかったが、実際は、7月末にはじまる空襲予告心理作戦にストレートにつながった作戦だったように見える。
　岡山空襲の位置づけは、「NARRATIVE」によって別の視点からも見ることができる。この7月度の「NARRATIVE」は、焼夷弾による中小都市58全部（第7空軍のB-24による8月11日白昼の久留米空襲を含む。奥住喜重著『B-29 64都市を焼く』2006.2.10揺籃社刊参照）に及んで、それを時系列に整理する際、都市の機能や性格あるいは地域性などによって分類区分している。彼等なりに、無差別爆撃の理由づけをしているのである。ただそれはきわめて大雑把で、そのまま受けとる必要はないが、米軍資料解読分析の際の参考になる。たとえば、岡山を、彼等は瀬戸内海北岸の「port and industrial facilities」として重要な7都市のひとつとするが、筆者はこうくくるなら、それは造船と連絡船のまち玉野をあげてしかるべきと考えている（玉野は例の180都市の表の142番目）。
　以上、筆者の「NARRATIVE」の利用の一端を記した。筆者の不用意な解説をこれ以上重ねてはいけないので、あとは直接資料に当たってほしい。

5. おわりに

　私たちが空襲の全容を把握するのに便利なものとして、資料としては二次的なものであるが、空襲年表がある。たまたま今手元に、2種類の空襲年表がある。丁度、本稿を準備しているとき、それが収録された冊子をいただいたのである。ともに戦後60年の節目の年にできたホットな冊子。当然冊子の岡山の部分に注目した。しかし残念ながら、今日までに、地元岡山で明らかにされている確かな事実は反映していなかった。

　昨年は戦後60年の節目の年。私たちは何としても古い年表の時代を超えたい。記録する会の数十年の継続した取り組みで、資料も研究成果も当時の比ではない蓄積がある。時代を超える記録をつくることができる。ただ個人の力には限界がある。要は共同作業の具体化である。

注
① 本稿の表題で「NARRATIVE」の訳語は「戦史」とした。前出佐々木和子氏は「戦記」とされている。どちらが「NARRATIVE」の資料の性格を適切に表現しているかわからない。
② 「…空軍の歴史文書館である。…今日、それは公的な歴史に関する6千万ページの記録からなっていて、合衆国軍事航空の世界最大で最も価値のある文書のコレクションとなっている」（森祐二　前出論文）

第5章

『第20航空軍 1944.11〜1945.8.15 の間の各種の戦闘作戦任務の概要』について

1

　第20航空軍第33統計管理班1945.9.14調整の統計資料。原題は、『TWENTIETH AIR FORCE SUMMARY OF MISCELLANEOUS COMBAT MISSIONS NOVEMBER 1944 TO 15 AUGUST 1945』。機密度は「RESTRICTED」。

　資料は、表題とインデックスの頁をのぞいて全4頁。第1頁は「概要」で、それは本資料のメインの統計表の解題である。

　統計は、第20航空軍のマリアナ・イオウを基地とする『各種の戦闘作戦任務』の「タイプ別」「月別」「組織別」の3つである。

　原資料の表題の「MISCELLANEOUS」に"各種"という訳語を当てたものだが、それは、目標を爆撃したり機雷を投下する作戦任務に直接関係しない特殊な作戦任務を指している。わかりやすく言うと、正面の作戦を成功させるための裏の情報収集活動や支援活動で、普通単機、ときに少数機で実行されている。表は原爆作戦をのぞく7タイプを取りあげている。本稿では、以下この7タイプを総称して仮に「少数機空襲」とする。

　本資料は、ピースおおさか所蔵の米マクスウェル空軍基地歴史研究センター16mmマイクロフィルム『第20航空軍NARRATIVE HISTORY

(戦記）1945.7.1〜1945.9.2』（A7719 でアクセス）に収められている。

　さて、この統計資料をわざわざ取りあげる理由。それは資料は一見単純な統計表であるが、そこに「少数機空襲」についての調査研究上の多くの情報が含まれていると見たのである。

　「少数機空襲」については、資料的に、春日井の金子力氏の先駆的業績があるが、全国的には、米軍資料の掘り起こしや検証があまりすすんでない。地元では今日でも、謎の空襲として残されたままのことが多い。

　岡山でも、3月6日深夜のB-29 1機による空襲、県下最初の空襲であるが、被弾したのが、岡山市街地西方約十数 km の純農村の丘陵地帯だったこともあり、地元ではやはり長い間謎の空襲であった。

　筆者は、金子力氏の業績に導びかれて、「少数機空襲」解明のキー資料である『OPERATIONAL SUMMARY（後に OPERATIONAL INTELLIGENCE SUMMARY)』のナンバーを収集し、その空襲は「レーダースコープ写真作戦」のついでに6発の500ポンド爆弾を投下したものであることを明らかにした。3年ほど前のことである。この資料の検証で、地上の調査が前進し、6発のグラウンドゼロが特定でき、そのうちの1つは、発掘調査も実施できた。ちなみに、「OPERATIONAL SUMMARY」は米軍の日毎の作戦報告書である。

　これについては、その資料の特徴、性格について、佐々木和子氏の「B-29による大阪の初期爆撃―1944年12月〜1945年3月―」（『大阪国際平和研究所紀要』Vol.13 2004.3.31 刊所収）の論文に信頼できる説明があるので参考にしていただきたい。また筆者の同資料の検証の経緯については、拙稿「米軍資料の調査・活用―岡山県最初の空襲・OPERATIONAL SUMMARY NO.61 収集経緯―」（『空襲通信第4号

2002.7.26』所収）及び「戦争の記憶・謎の 3.6 岡山空襲 AAF XXI B. C.『313RSM2』」（『岡山空襲資料センターブックレット』3）があるので参照されたい。

　さて岡山県下には、3月6日の他に8月15日までに約10回単機のB-29による実際の空襲が存在している。それについてもそれぞれが米軍のいかなる作戦であったか突きとめる作業もした。しかしこうした地元での作業をどれほど進めても、米軍が、このとき、いわゆる「本土決戦期」に日本本土焦土化作戦のなかで展開した「少数機空襲」の全容が、にわかに明らかになることはなかった。県下の「少数機空襲」の実際は約10回であるが、それ以外にも何十機ものB-29の侵入があったのである。岡山県東部瀬戸内海沿岸の牛窓防空監視哨が残した『敵機捕捉状況綴』によると、1945年11月21日から8月15日までの間に、少数機（ほとんど単機）のB-29を実に約170回捕捉している（もちろん東の近畿への侵入も捕捉している）。
　ここで取りあげ紹介する資料は、こうした「少数機空襲」の全容を「一目瞭然」のかたちで示してくれる。今日、私たちの手で、たとえば前述の『OPERATIONAL SUMMARY』のナンバーをすべてめくれば、本統計表のような集計はできそうにも思えるが、実際は、この3表だけにしても、『OPERATIONAL SUMMARY』に、他のいくつもの資料を重ねなければそれは不可能である。本資料には、膨大な情報が含まれていると考えるのである。

　本資料を各地の空襲の調査研究に役立ててほしいと思うことである。
　とりあえず4頁の資料を解読して、次節に掲げることにする。解読不充分もあると思う。原資料の1、2頁を本文末にサンプルとしてのせているので、その点対比参考にして検討していただきたい。3、4頁はた

またま同頁のマイクロ画像不鮮明なのでのせなかった。本文でそれは補正している。

　解読にかかわる若干のコメントは3にまとめさせていただく。資料中の機数はすべて延べ機数であることに留意されたい。

2

第20航空軍
各種戦闘作戦任務
概要
（第1頁）

　　　　第20航空軍の作戦期間中のマリアナを基地とするB-29、F-13、B-24などの戦術航空団と独立戦隊の29,745機の出撃のうち2,348機が、目標を爆撃したり、機雷投下したりする作戦任務に直接関係しない「各種」の出撃であった。

　　　これらの出撃（2,348機）は次のタイプであった：
1,090機は、爆撃や機雷投下の作戦計画に役立てる目的の気象データを収集する気象観測作戦任務の出撃。
480機は、目標の損害評価のための空襲後の写真や空襲前の、クルーのブリーフィングの際の情報を得るための写真、その他の日本の特別の目標のたくさんの情報を入手するための写真偵察作戦任務の出撃。
248機は、目標を攻撃するために使用されるレーダースコープ写真作戦任務の出撃。このスコープ写真は、目標のレーダー照準攻撃の際のクルーのブリーフィングに大きく役立つものである。
312機は、第7戦闘機集団の戦闘機の日本本州への航行護衛の行動。

134 機は、海上に墜落の乗員捜索のための出撃。

51 機は、敵レーダー対策のための出撃。そのうち 43 機は敵レーダーの配置の偵察機 B-24 の飛行。8 機は、特定地区空襲の際の敵レーダー妨害の B-29 の飛行。

33 機は、日本本州への宣伝（心理）作戦リーフレット投下を第 1 目標にした出撃。

これらの有効出撃度と損失機数と死傷者数は第 2 頁の表にまとめてある。

　「各種」作戦任務は 11 月にはじまり、そのときは 29 機であった。機数は次第に増加し 1945 年 7 月には 526 機出撃の高さに到達した。この点のさらなる情報は第 3 頁の月別概要の中にある。

　第 73 航空団は、これらのなかで最大の出撃数である。続くのは第 3 写真偵察戦隊と第 55 気象観測戦隊である。後者の 2 組織は、「各種」作戦任務の戦闘努力のすべてに貢献した。航行護衛と海上捜索作戦任務に関しての航空団の機は、硫黄島の第 20 航空軍戦闘中継基地を利用するようになっている。この硫黄島からの出撃は 218 機である。組織別の情報は第 4 頁にまとめてある。

　以下の頁の表は、爆撃機集団の「各種」作戦任務の概要を示すために用意されている。それに「タイプ別」「月別」「組織別」の概要がある。

タイプ別作戦任務の概要
（第2頁）

	リーフレット投下作戦任務	写真・偵察作戦任務	レーダー対策作戦任務	気象観測／爆撃作戦任務	レーダースコープ写真／爆撃作戦任務	海上救難捜索作戦任務	航行護衛作戦任務	計（現在までの）
	B-29	F-13 B-29	B-24 B-29	B-29 B-24 F-13	B-29	B-29	B-29	
参加作戦機								
離陸計画機数	33	482	51	1089	250	140	314	2359
離陸失敗機数	0	2	0	1	2	6	2	13
挺進機数	33	480	51	1090	248	134	312	2348
有効機数計	30	348	50	1033	221	128	288	2098
パーセント（%）	91	72	98	95	89	95	92	89
原因別無効機数								
機械的原因	0	51	1	52	25	6	11	146
気象原因	0	75	0	0	0	0	11	86
その他	3	6	0	5	2	0	2	18
計	3	132	1	57	27	6	24	250
投下爆弾米トン数	0	0	0	992	93	0	0	1092
投下リーフレット集束弾発数	509	0	0	1928	59	0	0	2496
損失機と死傷者								
損失機数	0	5	0	7	1	1	0	14
パーセント（%）	0	1	0	0.6	0.4	0.8	0	0.6
死傷者数（人）	0	34	0	44	11	0	0	89

月別作戦任務の概要
（第3頁）

	NOV.	DEC.	JAN.	FEB.	MAR.	APR.	MAY	JUNE	JULY	AUG. 1-15	計
参加作戦機											
離陸計画機数	29	96	112	155	223	248	284	396	528	288	2359
離陸失敗機数	0	0	2	5	1	0	2	1	2	0	13
挺進機数	29	96	110	150	223	248	282	396	526	288	2348
有効機数計	18	73	90	125	199	228	240	370	490	265	2098
パーセント (%)	62	76	82	83	89	92	85	93	93	92	89
原因別無効機数											
機械的原因	3	18	11	16	14	15	12	19	25	13	146
気象原因	7	3	8	8	9	5	28	7	8	5	88
その他	1	2	1	1	1	0	2	0	3	5	16
計	11	23	20	25	24	20	42	26	36	23	250
投下爆弾米トン数	0	201	204	210	165	181	104	19	8	0	1092
投下リーフレット集束弾発数	0	0	0	0	0	0	418	508	1101	469	2496
損失機と死傷者											
損失機数	1	3	0	4	1	1	2	1	1	0	14
パーセント (%)	3	3	0	3	0.4	0.4	0.7	0.3	0.2	0	0.6
死傷者数（人）	11	16	2	20	13	2	11	3	10	1	89

組織別作戦任務の概要
(第4頁)

	58航空団	73航空団	313航空団	314航空団	315航空団	第3写真偵察戦隊	第55気象観測戦隊	戦闘中継基地(硫黄島)	計
参加作戦機									
離陸計画機数	30	718	185	284	52	504	368	218	2359
離陸失敗機数	0	0	5	4	1	2	1	0	13
挺進機数	30	718	181	280	51	502 a	368 b	218	2348
有効機数計	26	660	162	260	42	378	361	209	2098
パーセント (%)	87	92	90	93	98	75	98	96	89
原因別無効機数									
機械的原因	1	44	13	17	8	48	6	9	146
気象原因	3	9	4	1	1	70	0	0	88
その他	0	5	2	2	0	6	1	0	16
計	4	58	19	20	9	124	7	9	250
投下爆弾米トン数	0	992	43	57	0	0	0	0	1092
投下リーフレット集束弾発数	0	2190	306	0	0	0	0	0	2496
損失機と死傷者									
損失機数	0	6	1	0	1	5	1	0	14
パーセント (%)	0	0.8	0.5	0	0.5	1	0.3	0	0.6
死傷者数 (人)	0	33	1	0	11	34	10	0	89

a　レーダー対策作戦43機はB-24偵察機の出撃
b　全出撃B-24による

3

　解読にかかわる若干のコメント。資料は、どんな資料でもそうだが、その価値は、研究テーマや研究課題を持つものの個別具体的な問題関心に応じて存在する。筆者のコメントは限られた関心によるものであることをご理解いただきたい。

① 「少数機空襲」には原爆をのぞいて7タイプ存在する。そのなかで予想に反すると言えば語弊があるが、7タイプ中気象観測作戦任務の出撃が最多であるという事実である。実に全体（2,359機）の46%。当時高高度を飛行機雲を湧かせて飛び去る単機のB-29をよく目撃した。地上では偵察をしているのだろうと言っていた。偵察に違いないが、一般的偵察以上に気象観測に従事するB-29の方が、多かったのである。米軍の日本本土空襲には、気象上のネックが存在していた。高高度の場合の日本上空の強風。高高度でなくとも気象条件による視界の不良が作戦の成功、不成功を左右した。

　岡山空襲のD-Day 6月29日も、6月28日の天気予報に基づいて行われている（作戦任務報告書）。写真偵察作戦任務であれば、必要な情報が入手できれば一応終了するが、気象観測作戦は日常的な作戦任務だったのである。実際に米軍は日本上空の気象状況を「敵以上の敵」と見なしていた。彼らは、作戦を成功させるために、それとかく闘っていたのである。

② 気象観測作戦任務とレーダースコープ写真作戦任務の2つのタイプには、主たる任務のついでに爆弾投下（比較的少量）の任務があった。そのことはわかっていたことだが、この表で、他のタイプには、このついでの投弾作戦はないことがはっきりした。それが明らかになって見れば、他のタイプにそれがない理由は、その任務内

容から理解できる。説明は不要と思う。ついでの投弾の一機あたり平均は、気象作戦任務の方が、レーダースコープ写真作戦任務より多い。

③ 「月別」の表。「少数機空襲」は当時メジャーな空襲が本格化する前にあったことが各地で記憶されている。統計を見ると、記憶どおり、それは期間の前半（3月までに約70％）に片寄っている。心理作戦のリーフレット投下作戦と対照的である。

これまでこの2つのタイプのついでの投弾の目的や意図が今ひとつはっきりしなかった。筆者は前出『戦争の記憶』で、その点について次のように書いている。「…そのとき単機あるいは少数機のB-29の情報収集作戦任務であっても、巨大な機の弾倉を空っぽにして飛ぶことは、計画されている日本本土全体に対する戦略爆撃コストの点から考えてもありえない。だがあくまでついでの作戦だから、爆倉を満杯にするのではなく少数の爆弾（1～2米トン(ベイ)）を搭載する。あれこれの標的になんらかのダメージ（損害）を与えればよい。敵を混乱させることもできる。また実際の投弾による敵の反応を見て、本戦のときのための情報収集もする。こんなところに情報収集作戦任務のついでの爆撃作戦の意図があったと考えている」。その後、さらにこの表の示すところの「少数機空襲」が、期間の前半に片寄っている事実から、後にひかえるメジャーな空襲の実戦的練習もしているのではないかと考えた。いずれにしてもこの表だけではその確かな答えはでてこない。

しかしこの見方は、間違っていなかった。佐々木和子氏の前出論文は、米軍の『戦記』資料の検証によって、それが目標の「かく乱攻撃」「先導搭乗員の訓練」などであったことを指摘している。

④ 統計表の縦のキーに登場する有効・無効のこと。無効機とは、目標に向かって発進したが、目標に到達できなかったり、仮に到達し

ても何らかの原因で任務が全く遂行できなかった場合である。たとえば、アーリーリターンとか、目標上空で機械的故障で弾倉が開かなかったりして任務遂行がゼロの場合である。「少数機空襲」の無効の場合は、写真偵察任務で見れば、機体や搭載のカメラのトラブルはなくとも、目標上空の雲で必要とする写真が一枚も得られない場合はまさに無効機となる。写真偵察作戦任務に無効機が他に比して特に多いのはそのためである。実際に6月29日の岡山空襲後の損害評価のための写真は、7月4日には撮影に失敗し、翌日7月5日にクリアーな写真を持ち帰っている。岡山と同日空襲された佐世保、門司、延岡の『作戦任務概要』が、みな同日の7月6日に報告されているが、それには岡山だけが、空襲後の写真の入手が1日おくれたためと考えられるが、損害評価の数値があげられていない。

⑤ 「月別」の統計表にかかわって。第1頁「概要」は、「各種作戦任務は11月にはじまり、その月は29であったが、機数は次第に増加し、1945年7月には526機の出撃の高さに到達」と述べる。このことについて、当時の地上の記憶を対置する。1で取りあげた牛窓防空監視哨の『敵機捕捉状況綴』の「少数機空襲」約170回を月別の数にすると次のごとくになる。

44		45						
11	12	1	2	3	4	5	6	7	8
1	5	6	11	21	13	21	15	48	29

「月別」統計表の見せている事実とまさに照応している。米軍の日本焦土化は、7月にピークに達していたことがうかがえる。

⑥ 気象観測作戦任務には、B-29、B-24だけでなく、F-13というB-29を改造した写真偵察専用機も当たっている。この事実に注目する。必要な気象観測体制を整える過程で写真偵察専用機も投入

しなければならなかったのである。

　第21爆撃機集団の「戦記（経過記録）」のなかの「日誌3月7日付」の気象部門に関する記事に、「気象観測爆撃作戦」について、観測者を第3写真偵察戦隊の臨時の任務にする取り決めをしたことが記されている（「戦記（経過記録）1945.3.1〜3.31ドキュメント40」同前ピースおおさかマイクロ」）。

⑦　「レーダースコープ写真作戦任務」。原資料のキーには「RADAR SCOPE」と略記されている。この作戦任務は「概要」に説明されているとおり、正面の作戦の本番に役立てるため、事前にレーダーで地上の地形をポイント毎にとらえ、機内のブラウン管にうつしだされた画像を専用のカメラで撮影し、フィルムに固定する。それを実戦で利用する。実際のレーダースコープ写真は、「作戦任務報告書」などに登場しているので見ることができる。

⑧　CSC（戦闘中継基地）は、硫黄島に暫定的に置かれた組織で、情報と気象のセンターが配置されている（第20航空軍レファレンスブック）。しかし実際に具体的にどのように機能していたのかよくわからない。

⑨　原資料第1頁「概要」の冒頭の「tactical wings」は、第58、73、313、314、315航空団、「independent squadrons」は第3写真偵察戦隊や第55気象観測戦隊などを指している。

⑩　原資料第2頁の統計表の「気象観測」のタテの欄の集計数字に不明点があるが、表全体を整合的に修正することが不可能なのでそのままにしてある。

⑪　念のためにつけくわえておく。原資料統計表の航空機数はすべて「延べ機数」である。

4

　はじめに述べた通り、本資料にはたくさんの情報が含まれている。これまでの筆者のコメントにとらわれることなく、各自の問題関心にひきよせて、資料検討を進めてほしい。本資料の活用を切に願っている。

　本資料の解読に当たって、奥住喜重氏のご教示をいただいた。感謝している。

RESTRICTED

TWENTIETH AIR FORCE
MISCELLANEOUS COMBAT MISSIONS
SUMMARY

Of the 29745 sorties flown by B-29's, F-13's and B-24's of the tactical wings and independent squadrons of 20th Air Force from the Marianas during the period of its operations, 2348 were miscellaneous sorties not directly connected with a bombing or mining mission. This represents 7.9% of the total effort of the command.

These sorties were of the following types: 1090 sorties on weather reconnaissance missions where weather data was gathered for aid in the planning of bombing and mining missions.
480 sorties on photo reconnaissance missions, on which post-strike target photos were obtained for damage assessment, pre-strike target photos were obtained for crew briefing, and coverage was obtained of much of Japan other than specific targets.
248 sorties on radar scope missions, on which radar scope photos were obtained of targets to be attacked. These scope photos aided considerably in crew briefing when they concerned targets to be attacked by radar.
312 sorties when B-29's acted as navigational escorts to the Japanese mainland for fighter aircraft of the 7th Fighter Command.
134 sorties flown to search for combat crew personnel of the Air Force down at sea.
51 radar counter measure sorties, 43 of which were flown by B-24 ferret aircraft to locate enemy radar, and 8 of which were flown by B-29's on diversionary raids to confuse the enemy radar.
33 sorties flown primarily to drop propaganda leaflets on the Japanese mainland.
These sorties, their effectiveness and their losses and casualties, are summarized on page 2.

Miscellaneous missions were begun in November, when 29 were flown. They increased in number, reaching a high of 526 sorties in July 1945. Further information is given in the summary by month on page 3.

The 73rd Wing flew the greatest number of these sorties. It was followed in number flown by the 3rd Photo Reconnaissance Squadron and 55th Weather Squadron. These latter two organizations devoted all their effort to miscellaneous missions. Aircraft from the Wings were made available to the 20th Air Force Combat Staging Center at Iwo, for participating in Navigational Escort and Sea Search Missions. These aircraft flew 218 sorties from Iwo. Information by organization is summarized on page 4.

The following tables have been prepared to indicate in summary form this miscellaneous effort of the command. Summaries by type, by month, and by organization have been included.

RESTRICTED

SUMMARY OF
MISCELLANEOUS COMBAT MISSIONS
BY TYPE

	LEAFLET	PHOTO RECON	RADAR COUNTER MEASURE	WEA. RECON	RADAR SCOPE	SEA SEARCH	NAV. ESCORTS	TOTAL TO DATE
	B-29	F-13 B-29	B-24 B-29	B-29 B-24 F-13	B-29	B-29	B-29	
Aircraft Participating								
A/C Scheduled To TakeOff	33	482	51	1089	250	140	314	2359
A/C Failing To TakeOff	0	2	0	1	2	6	2	13
A/C Airborne	33	480	51	1090	248	134	312	2348
Total Aircraft Effective	30	348	50	1033	221	128	288	2098
Percent Of Airborne	91	72	98	95	89	95	92	89
Aircraft Non-Effective								
Mechanical	0	51	1	52	25	6	11	146
Weather	0	75	0	0	0	0	11	86
Other	3	6	0	5	2	0	2	18
Total	3	132	1	57	27	6	24	250
Tons Of Bombs	0	0	0	992	93	0	0	1092
Leaflet Clusters	509	0	0	1928	59	0	0	2496
Losses & Casualties								
Aircraft Lost	0	5	0	7	1	1	0	14
Percent Airborne	0	1	0	.6	.4	.8	0	.6
Personnel Casualties	0	34	0	44	11	0	0	89

第6章

トライアル『米軍資料検証』
──6.29 岡山空襲の損害評価とかかわって──

1. はじめに

　本題が取りあげる資料を冒頭に掲げる。米国戦略爆撃調査団（以下 USSBS）報告書の1つ（No.66）の『THE STRATEGIC AIR OPERATION OF VERY HEAVY BOMBARDMENT IN THE WAR AGAINST JAPAN：1946.10.1 公刊』に収められている表である。表題は『都市目標の破壊』（以下「表」）。「表」は、「20 航空軍の対日作戦の統計概要」に典拠していることが脚註で示されてはいるが、厳密に言えば、USSBS 報告書の表であるから、一次的米軍資料ではない。ただ「表」が典拠したオリジナル資料にまだいきあたっていないので、現在この「表」を利用している。USSBS 報告書にある「表」であるからめずらしい資料というのではない。6.29 岡山空襲の調査をしている当方にとって、資料的にプラス・マイナスの若干の問題を含んでいるので、一度はくぐり抜けなければならないものとして取りあげている。
　コピーは国会図書館所蔵のマイクロ複写本の再複写なので画像が鮮明でないが判読をお願いする。

表6-1　A. Destruction of Urban Area Targets
Note—These pages list primary targets only.

Urban area targets	Population	Square miles built-up area	Square miles planned target area	Square miles destroyed	Percent built-up area destroyed	Percent planned target area destroyed	Missions	A/C bombing	Losses	Tons delivered
Akashi	47,751	1.42	0.8	0.9	63.5	101.0	1	123		975.0
Amagasaki	181,011	6.9	(¹)	.76	11.0	(²)				(²)
Aomori	99,065	2.08	1.8	.73	35.0	40.5	1	63		551.5
Chiba	92,061	1.98	1.2	.86	43.4	72.0	1	125		892.3
Choshi	61,198	1.12	1.0	.48	43.0	37.9	1	104		779.9
Fukui	97,967	1.9	1.7	1.61	84.8	95.0	1	128		960.4
Fukuoka	323,217	6.56	4.0	1.37	21.5	34.3	1	221		1,525.0
Fukuyama	56,653	1.2	1.0	.88	73.3	88.0	1	91		555.7
Gifu	172,340	2.6	1.8	1.93	74.0	107.0	1	129	1	898.8
Hachioji	62,279	1.4	1.2	1.12	80.0	93.3	1	169	1	1,593.3
Hamamatsu	166,346	4.24	1.5	2.97	70.0	162.6	1	130	4	911.7
Hameji	104,249	1.92	1.0	1.48	71.7	121.0	1	106		767.1
Hiratsuka	43,148	2.35	.8	1.04	44.2	130.0	1	133		1,162.5
Hiroshima	343,968	6.9	(²)	4.7	68.5		1	4		⁴5.5
Hitachi	82,885	1.38	1.2	1.08	78.2	73.3	1	128	2	971.2
Ichinomiya	70,792	1.28	1.0	.97	76.0	96.0	2	247		1,640.8
Imabari	55,557	.97	.8	.73	76.0	97.0	1	64		510.0
Isezaki	40,004	1.0	.5	.16	16.6	33.0	1	87		614.1
Kagoshima	190,257	4.87	2.0	2.15	44.1	105.0	1	171	2	1,023.1
Kawasaki	300,777	11.3	3.0	3.7	32.8	94.0	1	250	12	1,515.0
Kobe	967,234	15.7	7.0	8.75	56.0	125.0	3	874	11	5,647.8
Kochi	106,644	1.9	1.8	.92	48.0	51.0	1	134	1	1,117.6
Kofu	102,419	2.0	1.5	1.3	15.0	87.0	1	133		977.9
Kumagaya	48,899	.6	.6	.27	45.0	45.0	1	82		593.4
Kumamoto	210,938	4.8	3.0	1.0	21.0	33.0	1	155	1	1,121.2
Kure	276,985	3.26	2.0	1.3	40.0	65.0	1	157		1,093.7
Kuwana	41,848	.82	.8	.63	77.0	79.0	1	94		693.0
Maebashi	86,997	2.34	1.3	1.0	42.0	77.0	1	92		723.8
Matsuyama	117,534	1.67	1.0	1.22	73.0	122.0	1	128		896.0
Mito	66,293	2.6	2.0	1.7	65.0	85.0	1	161		1,151.4
Moji	138,997	1.12	.8	.30	26.9	37.8	1	92		626.9
Nagaoka	66,987	2.03	1.2	1.33	65.5	110.8	1	126		928.3
Nagasaki	252,630	3.3	(²)	1.45	43.9		1	2		⁴5.0
Nagoya	1,328,084	39.7	16.0	12.37	31.2	77.0	5	1,647	23	10,144.8
Nishinomiya	111,796	9.46	4.5	3.5	37.0	62.3	1	255	1	2,003.9
Nobeoka	79,426	1.43	.8	.52	36.0	64.0	1	126		876.4
Numazu	53,165	1.4	1.4	1.25	89.5	89.5	1	125		1,051.7
Ogaki	56,117	1.2	.8	.48	40.0	60.0	1	93		663.7
Oita	76,985	2.2	1.4	.55	25.2	39.6	1	131		801.9
Okayama	163,552	3.38	1.8	2.13	63.0	119.0	1	140	1	985.5
Okazaki	84,073	.95	.8	.65	68.0	81.00	1	128		857.4
Omuta	177,034	5.37	1.5	2.27	42.5	136.0	2	240	1	1,733.8
Osaka	3,252,340	59.8	20.0	15.54	26.0	81.5	4	1,027	23	10,417.3
Saga	50,406	1.2	1.0	(²)			1	63	1	458.9
Sakai	182,147	2.32	1.8	1.02	44.0	57.0	1	116	1	778.9
Sasebo	205,989	2.34	2.0	.97	42.0	48.0	1	145		1,070.9
Sendai	223,630	4.53	3.0	1.22	27.0	41.0	1	130	1	935.5
Shimizu	68,617	1.41	.8	.74	52.0	84.0	1	153	1	1,116.7
Shimonoseki	196,022	1.42	.8	.51	36.0	63.8	1	130	1	836.4
Shizuoka	212,198	3.46	2.0	2.28	66.0	112.5	1	158	2	1,022.3
Takamatsu	111,207	1.8	1.5	1.40	78.0	96.0	1	116	2	833.1
Tokushima	119,581	2.3	1.4	1.7	74.0	121.0	1	141		1,127.9
Tokuyama	38,419	1.27	.73	.68	53.5	64.3	1	107		789.5
Tokyo	6,778,804	110.8	55.0	56.3	50.8	86.0	5	1,699	70	11,472.0
Toyama	127,859	1.88	1.88	1.87	99.5	99.5	1	176		1,478.1
Toyohashi	142,716	3.3	1.5	1.7	52.0	113.0	1	160		1,026.1
Tsu	68,625	1.47	1.0	1.18	81.0	98.0	1	76		730.0
Tsuruga	31,346	1.13	.8	.77	68.0	96.0	1	94		692.2
Ube	100,680	1.8	1.0	.42	23.0	42.0	1	103		726.7
Ujiyamada	52,555	.93	.8	.36	39.0	45.0	1	119		839.5
Utsonomiya	87,868	2.75	1.4	.94	34.2	67.1	1	115	1	802.9
Uwajima	52,101	1.0	.9	.52	52.0	58.0	2	159		1,106.3
Wakayama	195,203	4.0	2.0	2.10	52.5	105.0	1	125		883.8
Yawata	261,309	5.78	3.55	1.22	21.0	33.0	1	221	4	1,301.9

第6章　トライアル『米軍資料検証』——6.29岡山空襲の損害評価とかかわって——　71

Yokkaichi	102,771	3.51	1.0	1.23	35.0	123.0	1	95		591.6
Yokohama	968,091	20.2	8.0	8.9	44.0	111.2	1	463	7	2,590.8
Other								490		2,334.6
TOTALS	20,836,646	411.0	192.16	178.10	43.3	92.2	81	14,569	175	98,511.9

1 With Osaka.
2 See Osaka.
3 No planned area.
4 Atomic bombing mission. Bomb weight not included.
5 No damage.
SOURCE: Twentieth AF Statistical Summary of Its Operations Against Japan.

2.　「表」の資料的限界

6.29岡山空襲に直接かかわる部分は1行。説明上それを取り出す。

表6-2

目標都市名	①人口(人)	②建物密集地域面積(平方マイル)	③破壊計画面積(平方マイル)	④破壊面積(平方マイル)	⑤破壊割合(%)	⑥破壊計画に対する割合(%)	⑦作戦回数	⑧爆撃機の数	⑨損失機数	⑩投下弾量(米トン)
岡山	163,552	3.38	1.8	2.13	63	119	1	140	1	985.5

　ここに見える数値は、「戦術作戦任務報告書」(以下TMR)などにある統計的数値との間に、基本的に大きな齟齬はない。しかし説明なしでは数値の意味が把握できず虚構をひきだしかねない。筆者が代わって説明することにする。説明の必要上、別の米軍資料の統計表から岡山の1行を取り出してならべる。『統計管理部局1945.10.1付文書20航空軍作戦概要1944.6.5～1945.8.14』(国立国会図書館USSBS関係資料マイクロフィルム)第1章「21爆撃機集団—目標の損害」「都市目標」からである。

　この表(表6-3)(以下「後者」)と「表」(表6-1・表6-2)で対比で

表6-3

都市名	人口(単位千)	作戦回数				爆撃の機数	損失機数	爆弾米トン数			損害評価	
		第1目標		第2目標	臨機目標			高性能爆弾	焼夷弾	合計	面積(平方マイル)	建物密集地域に対する割合(％)
		昼間	夜間									
岡山	164		1			138	1		982	982	2.13	63

（注）この表の数値は、1部概数表記にしてあるが、TMRの数値と一致する。

きる欄で数値の齟齬が認められるのは「表」の⑧の機数。しかし2つはどちらかに間違いがあるというのではない。何をどう表現するかで両者の整合性がないところから違いが生まれている。「表」は損失機数1を140に含めていない。「後者」は138に含めている。したがって「表」を「後者」と同じ表現にすると「表」の140は141となる。では「141」と「138」の違い。141はテニアン島基地発進のB-29の数である。しかしそのうち3機はトラブルで「アーリーリターン」。いわゆる「無効機」で爆撃に参加していない。つまり「表」の141は「無効機」も含めた数。「後者」は有効機だけの数。その違いである。「後者」が損失の1機も有効機に数えていることは、実際の事実に照らして正当なことである。この1機は、空襲中に目標上空でエンジントラブルで墜落した。墜落直前に焼夷弾を投下（あるいは投棄）したが、それは岡山市街地の南、爆撃中心点から約8kmの地点に着弾した。8kmであれば、彼等が設定した第1目標の範囲である。6.29の実際では、被弾は中心点から10km前後の同心円に及んでいる。TMRの統計では、それがすべて第1目標への投弾としてまとめてある。

「表」には、機数は無効機を含めた140としながら、投下弾トン数は有効機の分だけの数値にしているという矛盾がある。「表」の「985.5」は明らかに「981.5」（TMR）のミスプリントである。985.5-981.5の

4米トンという半端な数は、6.29の実際でどこからもでてこない。念のため言うが、TMRの統計には有効機138機の投弾量として981.5米トンが明示されている。無効機3機の爆弾の行方については特記されていないが、TMRには、981.5米トン以外に「緊急時荷物投棄」分20米トンが記録されている。筆者は、この20米トンは無効機の投棄したものと考えている。岡山空襲では、1機平均7米トンの焼夷弾を搭載している。20米トンは、丁度無効機3機分に相応する数量である。

「表」はこのように二次的資料からくる限界も加わって、資料的限界が大きい。しかしそれを理由に、資料的価値を認めないのではない。その点、誤解なきよう願う。

調査者、研究者が、資料として取りあげるもので資料的価値のないものはない。価値が認められないものは、捏造や改ざんされた資料だけである。もともと資料的限界のない資料などこの世に存在しない。要は、資料の徹底検証である。そのために一次資料を縦横にたくさん収集しなければならない。

3.「表」の資料性

（1）

「表」（表6-1）は、確かに資料的限界が大である（岡山の1行を見て「表」全体に一般化するつもりはない）。しかし「表」には、この「表」ならではの特徴と資料的有用性がある。他の日米の資料と関連づけてみるとその特徴もきわだってくる。

それは「表」が日本都市（67）の『Planned target area（計画した目標破壊面積）』と空襲後の『Percent planned target area（計画に対する破壊率）』を取りあげていることである。日本都市空襲が、無差別爆

撃だったことは、すでに明らかになっていることだが、日本の大中小都市に対する無差別爆撃が、かく計画され実行に移されたということ、その本質的な部分をまざまざと見せてくれる。私は今、焼夷弾の雨の下を逃げまどったすさまじい空襲の夜を身震いして思い出している。59年前…。日本各都市空襲は「広島に先行するヒロシマ」(前田哲男)であった。

　広島と長崎は「表」脚註3に破壊計画面積なしと記されている。原爆の広島・長崎では、逆に計画面積を設定するまでもなかったのである。

　この都市目標の「計画」とそれに対する「破壊率」は、TMRでも都市によっては取りあげられている。6.29岡山空襲のTMRは同日空襲の岡山・佐世保・門司・延岡が1つになっているが、この「計画」の数値は佐世保だけに登場している。他のナンバーのTMRでもそうである(すべてのTMRは見ていない)。「表」によってはじめて、岡山にも、そして「全都市」に「計画」が存在していたことを知った。

(2)
　「表」によって、TMRの損害評価の数値の意味を、視点を変えて捉えなおすことができた。6.29岡山空襲の米軍の損害評価は、「建物密集地域面積の63％」。空襲・戦災の調査を進める私たちにとっての損害評価は、死傷者数、被災人口・戸数などなどいろいろの側面に及んでいるが、米軍資料と対比できるのはこの「63％」である。しかし残念ながら肝心の日本側に、資料的に確かな数値がない。資料が散逸していることもあるが、根本的には、敗戦後、戦中はもちろんであるが、実態調査をきちんと行わずに今に至っているところに原因がある。戦災死者名簿が残されていないことによく表れている。しかし全く資料がないわけではない。

　地元岡山に「約60％」と「73％」の2つの数値が存在している。

　「約60％」は、敗戦直後の岡山市会の政府(内務大臣宛)への陳情意

見書案文のなかにある。案文には「市会ヨリ戦災復興ニ関シ政府ニ対シ市ヘ高額補助ヲセラルヽ様意見書ヲ提出スルモノナリ」と付記されている。1945年12月8日付。提案者及び事務当局の署名捺印もある。その冒頭「岡山市ハ本年六月二十九日、戦災ニ因り<u>面積約二百三十万坪</u>、戸数二万三千六百有余、人口十万五百有余名、罹災ヲ生シタリ。即チ之カ比率ハ<u>約六〇％</u>ナルモ…」（下線筆者）。

「73％」の数値は、岡山市1960年刊の『岡山市史　戦災復興編』にある。れっきとした市史に収められているが、浮き草のごとく不安定な資料である。同書の第7編「都市改造事業」に本文との脈絡もなく、「岡山市の罹災状況」と題されて置かれている。典拠も資料の由来も、数値の根拠も説明もいっさい付されていない。「市街地面積3,160,000坪（空襲前）<u>2,300,000坪</u>（罹災数）<u>73％</u>（罹災率）」（下線筆者）である。

同前書の第3編「岡山市の戦災」には、戦災状況について、出典を示して（しかし現在どれもオリジナルは保存されていない）、いくつか掲載されているが、それには面積被災率を取りあげたものはない。両者被災面積実数は「230万坪」と一致しているから、特定した市街地面積に違いがあることだけはわかる。根拠を欠いていてはどちらが真実に近いものか不明である。私はオリジナル資料を探す努力をこの10年来続けているが成功していない。岡山の資料状況は、このようなものである。

私は、このなかで日本側の数値として「約60％」の方を利用してきた。その理由は、「約60％」はとにかく数値の存在する典拠と典拠の資料的性格（1945.12.8岡山市会／政府への意見書提出／その目的etc…）がきちんと説明できるからである。一方の「73％」の方は、"岡山市史による"と断われば使用してもよいというレベルのものでも全くない。米軍資料TMRの「63％」は、この「約60％」の方に真実があることを裏付けることになっている。

誤解なきよう願いたい。米軍資料ゆえに真実があるとしているので

はない。TMRの「63%」には、その数値にはっきりした根拠がある。しかもその根拠は、現在の私たちが手に取って見えるかたちで存在している。撮影年月日も明らかな空襲前の岡山市街地空撮写真。それを利用して市街地、つまり建物密集地域を特定した線引きをする（3.38平方マイル）。空襲後（1945.7.5撮影）の写真で焼失・破壊地域を特定する（2.13平方マイル）。この関係の図、写真などの資料は、すべてTMRや損害評価報告書（DAR）にあり、見ることができる。「63%」と端数の1ケタまで表しているほどそれは細かく正確である。もちろん空から見るので、写真のボケもあり、ずれもないことはない。たまたまわが町「御成町」。岡山市街地東端、操山丘陵のふもと、当時戸数約200戸、住民約800人の町内。爆撃中心点から2kmの地点。米軍はここを「建物密集地域」に入れていない。「御成町」は、町内の約80%の家が焼失した。だがこれは、破壊率算出の数値に影響するものではない。空襲・戦災の記録で、米軍資料の発掘収集の必要性、重要性はここに示されている。考えてみれば、市街地の特定や焼失地域の特定は、地上でする方が容易であり正確である。岡山市防空本部・警防課は、当日の午前10時までに㊙の「岡山市戦災状況」図を作製している。その図では、市街地を特定する線引きこそしていないが、地元で自分の街の面積を特定する作業であれこれいろんな数値が存在することなど考えられない。現に焼失面積の「230万坪」は一致している。

　まとめると次のように言うことができる。「63%」あるいは「約60%」は確かな数値である。そのことははっきりした。しかし、ただの数値では、記録のなかで、その真実は冷たいものでしかない。「63%」の数値の意味をよく知ってこそ記録の中でそれは生きてくる。これまでも「63%」は「全都市トータル平均（43%）」よりかなり高い数値であり、その目標破壊達成度は「excellent」と表現されていたことはわかっていた。「表」により、「計画」を約20%超過して達成した結果の「63%」

であったことを新しく知ったのである。なぜ超過できたのかについては彼我に改めて問わなければならない。

(3)

米軍の損害評価は、この面積破壊率以外に爆撃成果を5段階にランク付けするものがある。6.29岡山空襲はそれが最高ランクの「excellent」であった。そのランク付の線引きをどこでしているか、今ひとつわからない。

5段階はランクの高い方から、①excellent（甚大）、②Good（多大）、③Fair（良好）、④Poor（僅少）、⑤Unobserved（未確認）である。このランク付けは米軍規定では、投下弾の照準点への命中度によっているという（小山仁示著『日本空襲の全容』東方出版参照。訳語も同書による）。しかし夜間の焼夷弾攻撃の場合、命中度は簡単に観測できないと思う（昼間の三菱水島航空機工場爆撃の場合、TMRで照準点の1,000フィート以内の着弾が29％と報告されている）。それ故かどうかTMRにはこのランク付け評価は登場していない。しかし夜間の都市空襲でも、この5段階評価はなされている。

6.29の4都市のランクの記されたTMRとは別の米軍資料を取りあげる。説明の必要上その他の資料データも付して表6-4にした。

表6-4

Narrative History （ランク評価）	Excellent 岡山	Good 延岡	Fair 佐世保	Poor 門司
TMR損害評価：面積 （破壊割合）	63%	36%	42%	26.90%
同上 （計画に対する破壊割合）			48%	
「表」 （計画に対する破壊割合）	119.00%	64%	48%	37.80%

資料は、『NARRATIVE HISTORY（経過記録）1945.6.1～6.30』（ピースおおさかマクスウェル空軍基地資料マイクロフィルム）。同文書の日付は1945.8.24。同文書は戦史将校（Historical Officer）がかかわって作られたものと思う。Ⅱ章のINTRODUCTIONに「STAFF HISTORICAL OFFICER」と記されている（奥住喜重「B-29部隊の戦史計画」『空襲通信第3号 2001.8.11』所収を参照されたい）。Ⅰ章はXXI爆撃機集団のCHRONOLOGY（年表）。その1945年6月28日の項に（出発日は6月28日）簡単に同日の空襲が要約されて記されていて、段階評価も記されている。

　これで、延岡と佐世保のGoodとFairのランクは、「破壊率」で見ると逆転していることがわかる。しかし「計画に対する破壊率」でみれば、正順である。都市への夜間の焼夷弾攻撃の成果のランク付けは、「破壊率」だけでなく「計画に対する破壊率」も参考にしているのではないだろうか。

　さて岡山については、いずれにしても、その日、彼らはどこから見ても他を圧倒する戦果をあげているわけで、まさに「Excellent（被害甚大）」だったのである。

4. おわりに

　検証資料の紹介までに若干の問題提起をした。「表」については都市ごとに検証を深めていく必要がある。それは今後の課題である。

　米軍の都市無差別爆撃が、どれほどのものであったか考えるうえでの新しい視点を「表」は与えてくれた。

① 都市ごとに計画の破壊面積・率が違うこと。そこに目的達成のための冷徹な合理性がうかがえる。目標都市の構造、形状、防空態

勢などをいちいち検討していることが考えられる（それは目標情報票、TMRなどに見えることだが、最終的にどう計画を決定したか。そのあたりが知りたい）。

② 自らの力の限界もよくわきまえている点もうかがえる。計画に無謀性がない。

③ 「全都市」トータルで「計画に対する破壊率」が92.2％と高いことにも驚いている。計画性、効率性、合理性、そして実行性の高さである。

④ 富山にそれがよく表れている。富山は「計画」100％の標的となっている。達成率99.5％は予想外（以上）の成果ではなかった。彼らが特別努力をするにしても、どのようにして100％の計画をたて得たのだろうか（「計画」100％は他に熊谷がある。100％の「計画」はこの2都市のみ）。

⑤ 岡山の119％は、偶然の結果だろうか。当日、風が火災を拡げたという状況はなかった。広島が空襲されていないという油断。警報の遅れ（警報のでる前に空襲がはじまった）などがはたして影響しているだろうか。

などいくつかの課題がある。

最後に述べておきたいことがある。

岡山市教育委員会が、2004年の戦災記念日に向けて、市内の小中学校に（特定学年生徒全員）『語り継ぎたい　岡山市平和の日』と題するA4判4頁カラー刷リーフレットを配布した。例年にないことである。しかしその内容を見てショックを受けた。写真や図版が大部分で、説明本文は見開き2頁で約600字。そのなかに不適切な説明や事実でないことが数えられないほど存在している。単に不充分な説明なら補足すればよい。誤りは訂正すればよい。しかしそのレベルでない。戦後59年、言うに及ばない不適切な説明や事実に反することをわざわざ教えて平和

の語り継ぎになるだろうか。問題の指摘をすぐに当局にしているところである。

　関係するところを2つほど取りあげる。リーフレットは「当時の岡山市街地の73%が焼失しました」と説明している。もちろん典拠は示していない。このどこが問題かは本稿がすでに説明している。もう1つ。B-29の写真のキャプションで「米軍資料によると、この日関西方面（岡山・神戸・明石など）に138機が飛来」と説明している。"米軍資料によると"とするが、米軍資料のどこにもそんな事実は書いていない。

　私どもの研究物や印刷物は、8年前から、すべて市の窓口に届けてある。それらを全く見てないこともわかった。私どもの力はきわめて弱いものであることを痛感していることである。

第7章

そのとき倉敷の未来は何色？
――8月8日付米第20航空軍「目標情報票」――

1. 中小都市無差別爆撃

　大戦末期の米戦略超重爆撃機B-29による日本本土の中小都市空襲。6月下旬から8月15日までおよそ2か月。結果を見ると、毎日どこかで1つの都市が消えている。

　岡山市の場合。6月29日、いわゆる中小都市空襲の3回目。138機のB-29全機が、市街地中心部のただ1点の照準点めがけて、2種類の焼夷弾約10万発を投下する。無防備で燃えやすい岡山の街は、たちまち火の海となった。この中で2,000人を超える市民が亡くなった。

　岡山市は当時人口16万人。市民は「聖戦必勝」の戦争のさ中にあっても、岡山をさほど軍事的に重要な街だと思っていない。中国地方で、広島より先に岡山がやられるということなど誰も思ってもみなかった。

　実際がそうだった。1944年1月、陸軍省、海軍省が策定した「緊急防空計画設定上ノ基準」の中の『国土防空整備ノ緩急順序其ノ三　重要都市ノ防空的整備強化』は、

　　　強化整備スヘキ都市ハ東京ヲ第一トシ左記重要地区順位ニ依ル
　　　（一）京浜（横須賀、立川地区ヲ含ム）
　　　（二）阪神、名古屋、北九州、呉

（三）室蘭、広島、長崎、京都、佐世保、舞鶴
　（四）其ノ他重要軍需生産都市

となっている。岡山は（四）にも入っているとは考えられない。6月29日の警報発令のいちじるしい遅れの原因はここにあったのである。

　一方米軍は、この岡山に対しても徹底した情報収集をしている。そして岡山市街地とその周辺に標的15か所を数えている。それは岡山大空襲の「目標情報票」に登場する。

　『目標情報票』は、情報部によって作戦目標ごとに作られ、作戦実行直前に戦闘任務部隊機に渡される。攻撃する目標の要約した最新の基本的な情報。出撃の際機内への持ち込みは禁止している。6月29日の岡山大空襲の場合、この情報票は6月20日付。

　さてそのなかに登場する15か所の標的。米軍はそれを手にしながら、そのうち11か所は、わざわざ自ら設定する焼夷弾攻撃地域（FIRE ZONE）の外に置く。中にあるのは4か所だけ。①「駅と操車場」、②「煙草工場」、③「製粉工場」、④「城とバラック（校舎）」。これも軍事的標的として目立つのは①のみ。しかし6月29日には①も標的にしなかった。①の破壊に有効な通常爆弾を1発も使用していないからそれがわかる。使用したのは冒頭でふれたとおり焼夷弾だけ。しかもそれを街の中心部の1点に投下する。以上のことは何を意味するか。

　岡山空襲は、あらかじめ手に入れた15の標的が目標ではなく、街そのものを焼くことを目標にしていた。あれこれの標的を破壊するために街を焼くのではない。つまり市民を標的にする文字通りの無差別爆撃だったのである。

　岡山の「目標情報票」の第4項「重要性」のしめくくりの言葉は次の如きものである。

岡山への空襲は、たとえより小さい都市でも、その都市が戦争遂行上少しでも重要な働きを果たすものならば、見逃されるとか無傷でいることはできないという、さらなる警告となるべきものであらねばならない。もしもほかの小都市の住民が、自分たちの未来は灰色だと思っているのなら、この空襲はそれを真黒にするであろう。

　岡山空襲は、ヒロシマの原爆投下に一直線でつながっていた。原爆なら1点に1発でよいが、焼夷弾だから10万発だった。

2.　小都市住民の未来：倉敷の場合

　倉敷、財閥大原の紡績工場や名高い西洋美術館の町としてよく知られている。その倉敷も、米軍にいわせれば、おしなべて「小工業都市地域」の1つであり徹底した攻撃の対象となっている。倉敷大空襲の「目標情報票」が存在しているのである。それについて、少し回り道をしながら説明する。

　米陸軍航空軍司令部A-3（作戦・訓練部局）は、1945年7月21日、『（秘）小工業都市地域への攻撃』と題する文書を提出した。同文書は、日本本土中小都市空襲の進展のなかで残る特に小都市への攻撃の優先順位を検討している。そして人口の観点から日本の大中小の180都市を攻撃対象にして表にしている（[注] 人口は1940年第5回国勢調査を利用している。『地域研究山口 No.17 Apr.1992』所収工藤洋三他論文参照）。

　この180都市のNo.1は東京であることは言うまでもないが、最後のNo.180は人口わずか2万数千の小都市熱海（1940年国勢調査2万4,477人：内閣統計局）。米軍はこのとき、人口の少ないという理由だけで優先順位を下げることはしない。

岡山については、この表に4都市がある。岡山市（No.31）はすでに空襲された。残るはNo.127津山市（同前3万5,111人）、No.142玉野市（同前3万5,467人）、No.159倉敷市（同前3万2,228人）。いずれも人口3万数千の小都市。やはり優先順位からはずされていない。3都市は実際は大空襲を受けることなく終戦となるが、倉敷よりあとの順位のNo.163敦賀（同前3万1,346人）は、7月12～13日に大空襲されている。岡山の3都市も大空襲される可能性は大であった。しかし可能性ばかりを云々しても意味がない。必要なことは、米軍の攻撃準備が具体的にどこまで進んでいたかを知ることである。それをそれぞれの都市に即して明らかにすることである。米軍の記録や資料からそれを知りたいと思うことである。しかし残念ながらそれらが今ひとつ明らかでない。特に津山、玉野の場合はそうである。
　しかし倉敷の可能性は津山や玉野と同列ではない。すでに隣接の水島の三菱重工業水島航空機製作所が6月22日大爆撃を受けている。そして倉敷空襲の「目標情報票」が提出されていた。このとき倉敷は単なる可能性でなく大空襲必至の情勢であった。

　「目標情報票」がどのようなものかは先にふれた。これが戦闘任務部隊機に渡されれば、あとはD-Day（攻撃日）の決定を待つだけ。ただ決定までの期間は、長い場合、短い場合と一様でない。岡山空襲の場合は9日後だった。それから考えると、もし終戦があと数日遅かった場合、倉敷は空襲されていたことも考えられる。ただこれも仮定を前提にした話。D-Dayが実際に8月15日までに決まっていたかどうか知りたいが、わかっていない。
　さりながら倉敷大空襲の「目標情報票」の提出は8月8日。終戦の1週間前。全国の空襲は8月15日まで続いている。この「目標情報票」の存在で明らかになった確かな事実もある。

第7章　そのとき倉敷の未来は何色？——8月8日付米第20航空軍「目標情報票」—— *85*

　倉敷が焼けなかったのは、米軍が大原西洋美術館の破壊を避けたからだと思っている人がいる。もう1つ。実際には空襲をまぬがれたことの故をもって、そのときの倉敷の住民の未来は、岡山に比すればやはり"灰色"だったと思っている人がいる。「目標情報票」の内容はそのどちらも事実でないことを教えてくれる。
　「目標情報票」の内容を訳出紹介したい。

3.　『目標情報票：倉敷都市工業地域（秘)』

　本資料のオリジナル様式のままに訳出する。
　実際にはなかった空襲であるが、この倉敷空襲の「目標情報票」、なかんずく「重要性」の項を読むと、このときの米軍の中小都市無差別爆撃の本質がよくわかる。またそれが、中途半端なものでなく、きわめて徹底したものであったことも。

CONFIDENTIAL（秘）

戦闘任務	目標：倉敷都市工業地域
機内に持ち込んではならない	目標地域：90.27—岡山

目標情報票

倉敷都市工業地域
緯度：北緯34°36′
経度：東経133°46′
海抜：15-325フィート（概略）

1. 概要説明：倉敷は小さな市であるが、日本の中の最大級の紡績工場がある。それは玉島の三菱航空機（水島）標的 No.1681 のようなより大きな組立工場に供給する航空機組立部品工場に転換している。実際は標的 No.1681 は破壊されている状態で生産施設全体は疑いなく破棄されていて、倉敷の組立下位工場は地域中に分散されている。

2. 位置と識別：倉敷市は岡山の南西 10 マイルの本州瀬戸内沿岸の近くに位置する。それは岡山の南の顕著な湾、児島湾の西 7 マイルのところにある。倉敷は工業的には 10 マイル南西の玉島と結びついている。また目標の市は、福山の北東 25 マイルである。

　倉敷は、瀬戸内の神戸から下関にのびる複線の山陽本線沿いにある。支線の、単線である伯備線が市の外の西部、北部を走り、陸地を横断して日本海沿岸とつながっている。

3. 目標の解説：倉敷の人口は 1940 年に 3 万 2,228 人であった。これは 1935 年の 3 万 4,716 人より少し減少している。1943 年初頭の織物工場の転換で、人口は多分再び増加していると予想される。市の行政的区域は、1935 年には、およそ 6 平方マイルを占めていて、人口密度は 1 平方マイル当たり 5,500 人になる。市街地の中核は、1 つの街と 1 つの工業地域で構成されていて合わせて 0.5 平方マイルである。最大の紡績工場（転換）は、ここに含まれているが、陸軍被服廠と市の西部の人絹工場は市街地に含まれていない。焼夷弾攻撃地域（FIRE ZONE）はこの 0.5 平方マイル全部を包含するだろう。市の中心部の建物の構造は古く密集している。紡績工場の周囲にある労働者のバラック住宅もまた古い。だがわずかながら、新しく建てられた家屋の区画もある。

市のなかや周囲にいくつかの特徴的なランドマークがある。焼夷弾攻撃地域の範囲内に、市の東側になるが、目立った樹木の丘がある。丘の南は細い水路の運河。それは、児島湾の西を通ってそれから市の北部を流れる小さい倉敷川にのびている。

市のおよそ1マイルのところは高梁川の古い河床である。現在の川の流れは2マイル西。

4. 重要性：倉敷の重要性は、規模の小ささにもかかわらず、第1は大きな最終組立工場への精密爆撃、第2は転換している組立下位工場への焼夷弾攻撃、第3は小さな部品供給工場の破壊、この組み合わせにより、航空機生産の大部分を終息させる可能性を生じさせるところにある。

幸運なことに、あとの2つのカテゴリーは、たいてい大生産中心地の周りの小さな町に分散していることである。倉敷は三菱重工業の従属補助型に適合する。玉島の標的No.1681への攻撃以来、倉敷における組立下位工場の重要性が増している。さらにこの工場施設は、名古屋工場施設と分けて攻撃しなければならない。それは、名古屋集中工場施設の予備として、独立して建設されたものだからである。

倉敷地域にはナンバーの付された標的はない。
焼夷弾攻撃地域に含まれる標的の位置
ナンバーなし—倉敷航空機会社倉敷工場
　　　　　—鉄道操車場の北に隣接する大きな工場施設；主要工場1,370フィート（東西）×300フィート（南北）；住宅区域は少なくともこの2倍；玉島の三菱航空機（水島）、標的No.1681に供給する機体と組立部品を

製造。

名称不明の紡績工場—中ぐらいの工場。市の南東角に位置する；主要工場は 500 フィート×350 フィート。多分現在万寿(ます)航空機製造会社。でなければ市の中にはない。

3つの小さな名称不明の紡績工場—(a) 市の南角に位置。上記の運河が通っている；(b) 市の北東端；(c) 倉敷工場から鉄道操車場を横切った東に位置する。

倉敷駅と操車場—倉敷工場（航空機）と市の間にある；複線の山陽本線のところ。

焼夷弾攻撃地域外にある標的の位置

ナンバーなし—倉敷絹織株式会社—前記の大きな人絹工場。市の西部の高梁川べり；1,600 フィート（南北）×750 フィート（東西）倉敷航空機同様航空機部品と下位組立部品製造に転換。

大阪陸軍被服廠倉敷支廠—市の北東の鉄道に沿った場所と考えられる；1,400 フィート×1,200 フィートを占める；防火壁を備えた 11 の主要な建物。

5. 照準点：照準点は野戦命令書に明示する。

1945 年 8 月 8 日

第 20 航空軍
目標部、A-2

訳注

① 取りあげた米軍資料は、ピースおおさか所蔵の米マクスウェル空軍基地資料16mm マイクロフィルムによっている。
② 訳文中の地名、会社名などは地上の実際に比定して特定していない。原文の直訳であり実際を正しく表記しているものではない。
③ 情報票はあくまで敵側あるいは空から見た情報であり、登場することがらがすべてが事実とは限らない。その点の検証が必要である。しかし本稿ではそれができていない。

第8章

米軍資料の調査・活用
——岡山県最初の空襲・OPERATIONAL SUMMARY No.61 収集経緯——

1

　米国の情報公開により、今日私たちも収集できるようになったいわゆる米軍資料は、空襲・戦災の記録の中で、資料的に欠くことのできぬ重要な位置を占めている。

　空襲・戦災は彼我の戦争の中で起きたことである。その本質は、どちらの立場から記録されようと、彼我の資料をよく押さえてはじめて明らかになる。

　私たちの空襲・戦災の記録で、存在する米軍資料を——それが存在しないのであれば別だが——視野のうちに入れないものは、確かな事実の歴史の記録とはいえないだろう。

　そのことについて、岡山県最初の空襲の場合を取りあげ、その収集経緯を報告する。

　当の米軍資料の史料批判、また資料の目録記述を深化させることに資するところがあると考えるものである。

2

　1945年3月6日深夜。中国地区に侵入し、東進する1機のB-29による空襲。岡山市新庄下（旧都窪郡加茂村）と倉敷市庄（旧都窪郡庄村）と総社市（旧都窪郡山手村）の境界線の付近が被弾した。岡山県最初の空襲である（以下、3.6岡山空襲とする）。

　現場は、JR岡山駅を起点に西へ約10km、JR倉敷駅を起点にすれば北へ約10kmである。「造山古墳」（「吉備路風土記の丘」のエリア）の南1kmほどの位置といったほうが、よくわかるかもしれない。あたりは、瀬戸内特有の溜池の多い丘陵と水田の拡がるのどかな景観の農村地帯。小さな村落が点在する。

　3月段階は、警報がたびたび発令され、日本国中どこに爆弾が落ちてきてもおかしくないときではあったが、それにしても県下最初の空襲がこの地にあることを予想したものはいない。なぜここがねらわれたのか。米軍の空襲の目的は何か。皆目見当がつかない。当時の日本軍当局も、この空襲についてなんの情報も持っておらず、それは同じことだった。岡山市防空本部（警察管轄）は即翌日3月7日付で町内会長・特設防護団宛に、「敵ハ愈々本県下ニモ侵入シマシタ。昨夜ノ状況ハ燈火管制不良ノタメデアリマシテ……」と『燈火管制強化ニ関スル件』を通知する始末。

　地元では、「溜池の水面が平らに光って飛行場に見えた」（一発はその池に落ちた）、「高圧線がスパークしていてねらわれた」（一発は高圧線鉄塔のそばに落ちた）、「幸い民家や学校を直撃しなかったが、それはパイロットが日系2世であったため」などと今も語られる。戦後五十余年の今日まで、この空襲はまさに謎に包まれたままである。

　戦後の市史や、あるいは空襲・戦災の記録は、次の如くである。

『岡山市史戦災復興編1960年刊』は、「昭和20年3月6日午後11時ごろB-29 1機は備中地区に侵入、岡山市付近に投弾した。山の中へ二ヵ所と揃いも揃って池の中へ二ヵ所であって」。同書は岡山の空襲・戦災の記録としては古典的なものだが、1960年という時代の制約もあり、報道管制下の新聞報道（1945.3.8付合同新聞）をなぞっただけの内容となっている。問題はこれに続く記録である。概して残念ながらこれ以上の内容はない。市史の孫引きの類の記述が続く。その中で看過できぬことは孫引きを続けるうちに、伝送ゲームの結末に似て、次第にその内容が変質し、虚構の世界が拡がっていくことである。『岡山県警察史上巻1976年刊』は、「…二発は山の中に、二発は水田に落ちて被害はなかった」。『岡山県史12巻1989年刊』は、「…同年3月6日にはB-29が岡山市付近の山中の池二ヶ所に投弾し…」である。

新聞報道は、「山林、池中4ヶ所を盲爆」の見出しであるが、見ての通り、池が「水田」となり、また山林と池の4か所が「山中の池2ヶ所」となる。「4ケ所」を「4発」とするものも存在している。どれが真実かすでに不明である。これこそ歴史事実の風化の姿。風化の極限は何もなかったことになることと思ってはならない。歴史の風化は自然現象にあらず。それは格好の虚構のひとり歩きの舞台なのである。

象徴的なことを取りあげる。前掲「県史12巻」に続いて刊行された新しい岡山市史『岡山市百年史（上）1989年刊』では、ついに3.6岡山空襲は空白となった。そして、こうした中でお目見えした『目で見る倉敷・総社の100年　2000年刊』なる書物では、3.6岡山空襲は、水島を標的にした空襲だったとする。「昭和20年3月6日深夜、初めて三菱重工業水島航空機製作所が空襲の標的になった」。

しかしその根拠は示されていない。多分想像の世界。想像は自由だが、想像を飛躍させて虚構の歴史をつくり出してはいけない。歴史事実の風化の恐ろしさをまざまざと見た思いである。

同書は純粋の歴史書ではないが、国立大、私立大の2名の歴史専門の現職教授の監修になるもの。ミスは誰にでもある。しかしこれはうっかり「医療ミス」の類である。歴史家の「医療ミス」も人の命を奪うことにつながっていることを自覚しなければならない。

3

謎の3.6岡山空襲の本格的調査は、定年退職後1997年6月29日の「6.29岡山空襲研究会」設立のときに始まる（同会は2000.6.29に岡山空襲資料センターに改組）。

取り組む積極的動機があった。それは前節で述べたところでもあるが、戦後50年の段階に至るもなお、確かな事実の記録がつくられていない。風化と虚構のひとり歩きに耐えられなかったのである。なんとしてもこの際、虚構の語り継ぎに終止符を打ちたい。三省堂の『日本の空襲（7）1980年刊』の執筆時は、私自身、前出の「市史戦災復興編」の孫引きの記述しかしていない。そのときは格別の調査をするゆとりもなく、米軍資料を視野のうちに入れることもできなかった。

今回の調査は、この自らの仕事のやり残こしの仕事だが、今度は米軍資料を視野のうちに入れた新しい段階の取り組みということになる。

地元に、「6.29岡山空襲研究会」の設立を"遅きに失した"と批評する向きもあったが、いつであろうと、自らやらんとするボランティアの取り組みは、それを始めたときが"適時"である。実際、3.6岡山空襲のような、単機あるいは少数機のB-29の特殊な作戦任務にかかわる米軍資料の収集は現在だからできる。20年前にはできなかった（6.29岡山空襲の「T.M.R」は筆者は1980年当時収集した）。

4

　調査は、地元の証言の収集からはじめた。並行して関係の一次資料（根本資料）の掘り起こしに努めた。ここで定年退職はよいものと実感する。調査に要する資金に欠く反面、資料収集の機会をあせらず、あきらめないで待つだけの時間が与えられたからである。また、研究会会員（現在は資料センターボランティア所員）の情報収集や調査協力もあった。これまで市史も県史も記録する会も資料の掘り起こしをほとんどしていない。したがって、戦後50年の段階では、さすがに資料の散逸の著しいことを痛感する。しかしそれでも今日まで5年の時間的経過の中で一次資料20点（件）近くを収集した。その中には爆弾破片の実物も存在する。また今回の調査は、米軍資料の収集とあいまって、一発の爆弾のグラウンドゼロを特定し、その考古学的発掘調査記録にまで進んだのである。

5

　その肝心の米軍資料収集の経緯。それは、「1945年3月7日 OPERATIONAL SUMMARY（作戦概要）No.61」（米陸軍航空軍第21爆撃機集団司令部　1945.3.8付）である。調査の当初は名称はおろか、このような資料が存在するだろうということさえ知らないでいた。情報公開されていて、国会図書館が米国立公文書館から購入所蔵するUSSBS関係の資料だけで、マイクロフィルム800余巻（1998.10現在）。米マクスウエル空軍基地の「合衆国空軍歴史研究センター」は米空軍の歴史文書館といわれるが、そこには6,000万ページに及ぶ歴史資

料が集められているという（森祐二『太平洋戦争期のアメリカ空軍資料：注釈付きファイル目録①』大阪国際平和研究所紀要『戦争と平和'95 Vol.4』所収参照。その一部のマイクロフィルムをピースおおさかが所蔵している）。米軍資料の全体量はぼう大で、無限定な資料探索だと、霧の中で道を失ったと同じようになる。幸い筆者の場合、先行研究者に道を教えてもらう幸運に恵まれた。春日井の戦争を記録する会の金子力氏である。筆者は1997年8月9～10日の全国連絡会議富山大会に、福山大会以来の何年ぶりかの参加をした。研究会を設立した直後、地域の記録する会の課題を引っさげての参加。そこで金子氏のレポート「第20航空軍少数機作戦の解明」に接した。

　氏は日本空襲の「TMR」に出てこない単機あるいは少数機のB-29の特殊な作戦任務の米軍資料を掘り起こし、その中で原爆投下訓練を実施した8888（任務分類番号）の正体を解明していく。① USSBSの表「第20航空軍出撃記録」（国立国会図書館マイクロフィルム）の400回近い日本空襲の一つひとつの内容を、②「第20航空軍コンバット・オペレーション・ジャーナル（戦闘日誌）」（同前マイクロ）、さらに、③「第21爆撃機集団司令部　オペレーショナル・サマリー（作戦概要）」（ピースおおさかマイクロ）、その他の解読により明らかにしていくきわめて緻密な作業である（『空襲通信創刊号』1999年参照）。

　さて、氏の業績に導かれれば（実際に直接のたびたびの調査協力もいただく）、3.6岡山空襲の謎を解くキー資料には時間をおかずして到達できるはずだった。しかし現実には私どもには厳しいものだった。金子氏の調査報告表に3.6岡山空襲が登場していないのである。岡山県の関係では、肝心の3.6岡山空襲だけがない。理由は金子氏が落としたのではなく、USSBSの①に存在していないのである。金子氏は①の表を前提にして調査を進めていたからである。そのため筆者自身もUSSBS①の洗い直しをしなければならなかった。

USSBS ①が何を基礎資料に作表したかについては①を見る限り不明であるが、確かに①には3.6岡山空襲が取りあげられていない。そのことが判明した。その洗い直しの過程で、当資料の史料批判の中途でのとん挫を物語る以外の何ものでもないが、次のことを考えた。1つは、3.6岡山空襲は地元では確かに存在する空襲だが、米軍の作戦任務には存在しない。もう1つは、存在するが、①の作表の際USSBSがミスで欠落させた。この2点である。しかし後述することだが、③の資料が収集できて、3.6岡山空襲も米軍の作戦任務として存在することが判明する。この段階で、今度は①に登場しない理由がやはり2点考えられた。1つは、①は作表ミスで欠落させた。もう1つは①は③を基礎資料とせず他のものによっていて、それに何らかの理由で3.6岡山空襲が存在しない。確かに①と③を対比すると統計的数字などに若干のずれのある部分が散見される。いずれにしても、①が3.6岡山空襲を欠落させた理由は判明しないままである。しかし①の資料的限界の存在が明らかになった。このことは大切である。こうした史料批判の過程で、①の基礎資料を特定する必要という新たな課題が生じたのである（この点は今も未解決）。
　さて③へのアプローチ。③はピースおおさかの所蔵する16mmマイクロ。ピースおおさかは図書館ではなく、所蔵資料をすべて一般閲覧に供しているわけではない。当資料閲覧には紹介者を必要とする。それは当然のことながら一介の市民の興味本位の資料閲覧は許さないということを意味している。当方の資料閲覧請求に、学問的公共性、その必要性、妥当性、切実性が備わっていることが求められる。この点心もとない限りだったが、研究会を設立していることが、その要件を持つことの証しになったと思う。幸いにして関西大学小山仁示教授のご紹介をいただくことができたのである。こうして入口の問題の1つはクリアできた。
　もう1つクリアしなければならぬことがあった。それは閲覧する資料

第8章 米軍資料の調査・活用——岡山県最初の空襲・OPERATIONAL SUMMARY No.61 収集経緯——

の特定である。ずばり特定でなくともある程度のあたりをつける必要がある。資料収集する時間と経費に限りがあるからである。このことに関してはすでにこのとき資料目録が存在していて助かった。森祐二『太平洋戦争期のアメリカ空軍資料：注釈付きファイル目録（1）』及び『同（2）』（大阪国際平和研究所紀要『戦争と平和'95—Vol.4』及び『'96—Vol.5』所収）である。仮にこの目録が存在しなくても、目当ての資料を引きだすことはできるだろう。しかし資料は全体に位置づけて資料の性格が把握できる。それがなければ、資料の解読・解析は不充分なものとなり、折角の資料の価値は半減する。目録の意義は大きい。

さて、当目録は、ピースおおさかのぼう大な資料をまことに緻密にまた詳細に目録化している。しかも注釈も付けられている。それでも「TMR」や「DAR」や「AIR」などと違う一度も具体的内容にふれたことのない資料は、多数の項目が抽象的で、最初はそれにとまどった。

3月6日の単機のB-29の岡山空襲である。したがって米軍資料の③「作戦概要」のナンバーは、3月6日以後を見ればよい。当の「作戦概要」は毎日の作戦の日毎の作戦報告であるから3月6日の作戦が普通は何日ものちにされることはない。しかし「目録」には3月6日の「作戦概要No.60」にも3月7日の「作戦概要No.61」にも、それ以降も登場しない。岡山の資料収集にまたまた試練が与えられたのである。あとでわかることだが、目録は、個々の資料の内容のすべてを項目化し表記していないということである。目録は本来的にサンプリングなのである。

かく資料収集に手間取って、ピースおおさか訪問を遅らせていたとき、静岡の記録する会の新妻博子氏から「No.61」に岡山が出ているという電話連絡があった。またすぐにそのコピーも届いた。静岡の会とは富山大会以来の交流があったのである。

HDQUARTERS XXI BOMBER COMMAND
APO 234, c/o Postmaster
San Francisco, California

S E C R E T
AUTH: CG XXI BC
Inits:
Date: 8 March 45

7 March 1945

OPERATIONAL SUMMARY NO. 61

1. STATISTICS:

	Missions	Effective Airborne	Sorties	Tonnage	Claims	E/A	Losses AA	DIT	OT	Total
Major Strikes:										
a. Current:	0	0	0	0	0	0	0	0	0	0
b. Final Rpts:	0	0	0	0	0	0	0	0	0	0
Weather Strikes:										
a. Current: (262-263-264)	3	3	-	-	-	-	-	-	-	-
b. Final Rpts: (259-260-261)	3	3	3	2.5	0	0	0	0	0	0
Weather Recon:										
a. Current:	0	0	0	0	0	0	0	0	0	0
b. Final Rpts: (655 WRM 4)	1	1	1	0	0	0	0	0	0	0
Photo Recon:										
a. Current: (3 PRM 68)	1	1	0	0	0	0	0	0	0	0
b. Final Rpts: (3 PRM 67)	1	1	1	0	0	0	0	0	0	0
Radar Photo:										
a. Current:	0	0	0	0	0	0	0	0	0	0
b. Final Rpts: (313 M 2 - 314 M 4)	2	12	11	10.8	0	0	0	0	0	0
TOTAL CURRENT:	4	4	-	-	-	-	-	-	-	-
TOTAL FINAL:	7	17	16	13.3	0	0	0	0	0	0

2. SUMMARY:

   a. Major Strikes as of 2400K, 7 March 1945: None scheduled.

   b. Weather Strike Missions as of 2400K, 7 March 1945:

   (1) WSM 262: Target Okinawa Area. No bombs carried. Airborne 070620K. Landed base Guam 072100K.

   (2) WSM 263: Target Hamamatsu - Tokyo Area. No bombs carried. Airborne 070626K. Landed base Guam 071925K.

   (3) WSM 264: Target Makki. Airborne 071719K. Bomb load 10 X 500 lb. GP

S E C R E T

Operational Summary No. 61 (cont'd)

No further reports received. ETOT: 080215K. ETR: 080915K.

c. Weather Reconnaissance Missions as of 2400K, 7 March 1945: None.

d. Photo Reconnaissance Missions as of 2400K, 7 March 1945:

    (1) 3 PRM 68: Objective Tokyo. Airborne 070342K. Aborted and returned base Guam 070729K.

e. Radar Scope Missions as of 2400K, 7 March 1945: None scheduled.

f. Air Sea Rescue: Negative.

3. FINAL RESULTS:

a. Major Strikes: None.

b. Weather Strike Missions:

    (1) WSM 259: Target Kyushu Area. No bombs carried. 4/10 cloud cover over mainland. No enemy opposition. Observed 6 long hangars and 2 camouflaged runways at 3155 N - 13199 E. Landed base Guam 062125K.

    (2) WSM 260: Target Tokyo Area. No bombs carried. 3/10 to 10/10 cloud over area, winds 260 deg. at 115 knots, no icing. Altitude 30,000 ft. No enemy opposition. Landed base Saipan 062205K.

    (3) WSM 261: Target Sumura. Dropped 10 X 500 lb. GP on primary by radar from 26,600 ft. through overcast with unobserved results. No enemy opposition. Landed base Saipan 071220K.

c. 655th Weather Reconnaissance Missions:

    (1) WRM 4: Weather reconnaissanve over Oroluk Atoll, Namoluk Island and Magererik Island. No enemy opposition. Visibility poor entire route. 18 pictures taken of Oroluk and Magererik Islands. Returned base Guam at 061810K.

d. Photo Reconnaissance Missions:

    (1) 3 PRM 67: Objective Nansei Shoto Area. No photos taken due to solid overcast. No enemy opposition. Observed life raft apparently empty at 2400 N - 13125 E at 060945K. Search by air sea rescue negative. Landed base Guam at 051635K.

e. Radar Scope Photo Missions:

    (1) 313 RSM 2: Target coastline west of Osaka. 144 radar scope photos taken of east coast of Kyushu, south and west coast of Shikoku and SW coast of Honshu and inland sea. 1 A/C dropped 6 X 500 lb. GP on

SECRET

Operational Summary No. 61 (cont'd)

Okayama visually with large fires believed to have been caused by hits on oil storage area observed. 2nd A/C dropped 6 X 500 lb. GP on Kochi by radar with unobserved results. Altitude of both attacks 25,000 ft. A/C landed base Tinian at 070740K.

(2) 314 RSM 4: Target Shizuoka engine plant. Radar scope photos obtained of Shizuoka, Tokyo and Kobe. 5 A/C dropped 27 X 500 lb. GP and 16 X 500 lb. IB bombs on primary from 25,000 ft. through 8/10 - 10/10 cloud. 4 bombed by radar, 2 visually. Results unobserved to good. No E/A opposition, but heavy and light, meager to moderate, inaccurate flak. Numerous vessels observed in Tokyo and Kobe harbors. 1 A/C returned early, all others (9) landed base Guam by 071033K.

For: W. H. BLANCHARD,
Colonel, G.S.C.,
AC of S, A-3.

DISTRIBUTION:

Regular distribution
for this report.

3.6 岡山空襲のキー資料を得て、地元での調査を再開させた。そして2001年10月ピースおおさかに出かけ、自分自身で「作戦概要 No.61」とその周辺の資料を収集した。

6

「OPERATIONAL SUMMARY（作戦概要）No.61」。これは第21爆撃機集団司令官の権限による1945年3月8日付の作戦任務の報告書である。報告される作戦の日付は3月7日である。第1項は統計表。それは、「現在（これから）」と「最終報告」に分けて、『メジャーな爆撃』『気象観測・爆撃』『気象観測（偵察）』『写真偵察』『レーダースコープ写真』の各任務について示されている。第2項がその各作戦任務の概

要。そして第3項が、作戦任務の最終結果報告となっている。
　この第3項で、米軍側からの3.6岡山空襲を知ることができる。
　3.6岡山空襲は、「レーダースコープ写真作戦任務。任務番号313 RSM 2」であった。投弾は、この任務のついでになされる。投弾の目的はこの報告からは知ることができない。投弾時間は「TMR」などと違って記されていない。テニアン基地への帰着が7日午前7時40分（マリアナ時間）であるから岡山上空は6日から7日に日付が変わるあたりと推測できる。実際は地元の資料で正確な投弾時刻を知ることができる。それは6日のうちである。
　同任務の標的は大阪以西の海岸線のレーダースコープ写真。このとき、九州東海岸、四国南西海岸、本州の南西海岸と瀬戸内海で144枚の写真を撮影している。この任務番号313RSM2にはB-29 2機があたり、1機が500ポンド通常爆弾6発を岡山に投下し、もう1機が高知に同じく500ポンド6発を投下している。「1 A/C」「2nd A/C」は1機が2度爆撃とも読み取れるが、統計表と対比すれば2機であることがわかる。
　岡山も高知も爆撃高度は2万5,000ft（約8,000m）。岡山については目視で投弾している。石油貯蔵庫に命中したことによると考えられる大きな火炎を観測したといっている。地上では、1か所松林が燃えたという事実はあるが、そこは岡山市街地から約10kmも西の地点で、石油貯蔵庫などはなかった。
　部隊はテニアン基地であること以外は同資料からは明らかでない。しかし、前出の①の資料（USSBS）に「3月6日／高知／8888」があるので、岡山も8888と考えられる。ただ、前に述べているが、同じ任務番号の作戦の高知のみが①に登場し、岡山が欠落する理由はやはり不明である。
　『OPERATIONAL SUMMARY』の全体の資料検証は各地の会が連携して進める必要がある。それが実現することを期待している。

第9章
「米軍資料」の史料批判の方法

1. はじめに

　いわゆる「米軍資料」群は、空襲研究、あるいは空襲・戦災の記録の中で、史料的にきわめて重要で、欠くことのできないものとして存在している。それは間違いないことだが、一方で、その史料批判が十全でなければ、またその解読・解析を誤れば、折角の「米軍資料」によって虚構の記録や歴史書が生みだされることになりかねない。実際に岡山における「記録」を見ると、それは「杞憂」でなく、虚構の「米軍資料」がひとり歩きしている場合が少なからずある。その現状から、筆者は、今回、岡山空襲資料センター発行のブックレット第1号として、『1945.6.22. 水島空襲「米軍資料」の33のキーワード』を提起した。「水島空襲」。それは現倉敷市水島の三菱自動車工場、旧「三菱重工業水島航空機製作所」空襲をさしている。

　キーワードは、①『第21爆撃機集団司令部、戦術作戦任務報告書作戦番号 No.215～220』（以下『TMR』）、②『第21爆撃機集団 A-2、空襲損害評価報告書 105』（『DAR』）、③『第21爆撃機集団 A-2、週刊航空情報報告 1945.7.7. 付』（以下『AIR』）の3つの「米軍資料」から抽出した。それはここには掲げないので、ブックレット1によって見ていただきたい。（『1945.6.22. 水島空襲「米軍資料」の33のキーワード』

岡山空襲資料センター　ブックレット1）

　キーワード抽出の意義は、同題で次の様に述べた。

　「『米軍資料』の意義は『米軍資料』自身に語ってもらうのがいちばんよい。しかしたくさんの「米軍資料」群を丸ごと提示することは不可能。仮にそうしたとしても解読できなければ意味がない。そこで『米軍資料』からいくつかのキーワードを抽出する。キーワード抽出作業は、資料検証、資料解読の過程であり、『史料批判』の中核部分でもある。したがってこのキーワードは、あくまで研究上の、また記録作業の『作業仮説』として提起している。不充分な解読から生じる誤りがあるかもしれない。その様なものとして受け止めてほしい。

　前にも述べたが、いかなる資料にも資料的限界がある。『米軍資料』には、各種のぼう大なデータや情報があり、確かに日本側の資料の不足を補ってくれる。しかし、資料ごとに、その資料の性格に応じて検証しないとそれは輝かない。『米軍資料』あるいは以下のキーワードを間違っても一人歩きさせたり、日本側の諸々の資料の上に置く様なまねをしてはならない。

　さて、本稿の主題であるが、2. として、実践的史料批判の方法6点提起する。これはブックレット1の内容の肝心の部分。この問題提起で、「米軍資料」の史料批判の問題の論議が一層深まることを期待するものである。

2.　「米軍資料」の史料批判の方法

　本稿での「米軍資料」は主として『TMR』に焦点を当てている。
　『TMR』は部隊司令部によって、作戦終了直後に、実行部隊帰還報告を得て作戦計画、実行計画、作戦成果にわたってまとめ、その上で関係

部署に配布する。次の作戦に役立てるためである。それには、各種の情報やデータが一定の型式・様式に従って分類整理されている。緻密かつ具体的に、たとえば作戦実行後の帰還報告も、そのための約20頁に及ぶ報告様式（マニュアル）があり、それに従ってなされる。質問項目は100近い（実際の項目数は項目の大中小、図や表もあり、数は特定しがたい）。6・29岡山空襲はB-29、141機が出撃し138機が目標を爆撃し、1機が目標上空で墜落した。このこと自体、同『TMR』などで明らかになることだが、それはさておき、実行の隊員は約1,500人。（141機×1機11人の基本要員）そのうち1機11人は墜落で死亡し帰還できなかったが、帰還の全員が何らかの形でこの報告に加わる。それが一つにまとめられている。

　各隊員の報告はならしてまとめないところが面白い。たとえば、目標上空で遭遇した対空砲火。一例だが「貧弱ないし激烈、不正確ないし正確」（小山仁示訳著『日本空襲の全容』東方出版参照）という具合。日本軍だとこうはなるまい。緻密な報告書が作戦ごとにつくられるという背景に、物量に恵まれているということもあるが、それ以上に全体を合理的精神が支配している。文化の違いも見て取れる。本筋にもどって、以下いくつかの当資料検証の留意点を取りあげる。

① 『TMR』は内容の正確さにおいて定評がある。しかしどんな資料でもその100％の保証はない。同『TMR』にも欠落、誤り、誤記、誤字（ミスタイプ）などがある。6・29岡山空襲の場合も焼夷弾の制式記号に誤字の部分があり、それが、そのまま岡山市史に取りこまれている。実際に投下されなかった焼夷弾が市史掲載の訳文には存在している。

② 解読を間違えばどんな正確な報告書の価値もなくなる。岡山空襲のB-29機数について、戦災の記録の中に、同じ『TMR』による

としながら、143機、141機、138機の3説が存在していた。それが、市史や県史など記録に3様に取りこまれている。確かに報告書にこの3種の数字は存在している。しかし資料全体を見れば、3様の違いの意味はすぐわかる。一つの資料は全体で一つの意味のあるまとまりをもつものである。故に資料は全体を読まないと確かな事実は見えてこない。市史や県史は資料の一部をつまみ喰いをしていたのである。

③　信頼性のおける資料でも、絶対化はいけない。一つの資料はあくまで単なる一つの資料。鵜呑みにしないで、関連、関係の他の米軍資料と対比あるいは重ねて見るのがよい。これは解読、検証を深める作業の過程でもある。事柄によっては資料間で異同があることが発見できる。水島空襲の場合、二機米軍に損失がでた。その一機は『TMR』では着陸時、「AIR」では離陸時の事故としている。どちらが本当か今のところ筆者にはわからない。

④　『TMR』には客視的なデータだけでなく、情報分析などの様に、「判断」「推測」の部分もある。「判断」や「推測」は根拠のあるものでも必ず正確とはいえない。また米軍資料は基本的には敵側、あるいは空からという一方から見ている。双方からまた、多面的に資料の検証をしなければ確かなことはわからない。

⑤　印象、つまり心理的な事実の報告の部分。これはまさに主観的。印象は、そのとき、"そう見えた""そう思った"という点は、その場、その状況の中に一定の根拠の存在する心理現象。印象の字の如しである。しかし印象はあくまで「心理的事実」で、「客観的事実」とは別。6・29岡山空襲では、隊員は、「標的上空で高射砲の反撃は、弱い、不正確、激しいと描写されている」(拙著『B-29墜落甲浦村1945年6月29日』吉備人出版参照)と報告している。しかし岡山では反撃した高射砲は全くなかった。

⑥　資料は全体をていねいに、繰り返し読むことが大切。見落とし、思い込み、勘違いなどを防ぐために必要である。新しいテーマ、問題関心の変化に応じて何度でも繰り返し読みなおすことも必要。さらに関連の資料や他方面の資料の収集も進めなければならない。しかし自らかく言うものの、それは残り少ない時間の中で可能だろうか。とうてい無理の思いも胸をよぎる。しかしこれほどの資料が存在するのに、それを見ないで、虚構のひとり人歩きを見るのは恐ろしい。耐えられない。私はその中で、全国の先進、先行の研究者から学ぶこと、全国の空襲・戦災を記録する会と連携・協力が大切だと考えている。そこに残り少ない時間と虚構の歴史の恐怖超克の道があると思う。

第10章

津島遺跡から出土の焼夷弾信管について

1. 出土の爆弾信管について

　津島遺跡の発掘調査において、国史跡指定地南西側のT40から爆弾信管が出土した。出土時期は1999年9月頃とのことである。信管は米軍のものである。米軍資料は年来収集を続けていたが実物資料を手にするのははじめてである。この実物資料の収集と保存によって米軍資料その他の関係資料の検証がさらに進むことになるだろう。

　それはさておき、爆弾信管は、2つに分離した状態で出土している（写真10-1）。分離は爆発によるものか、着弾の衝撃か、その他の原因によるものか不明である。もとは2つがねじこみで一体のものである。分離している一方の2枚の風切羽のある方（風切羽の一枚は欠損、他の1枚は部分欠損。風切羽は空中で回転）が上部（頭部）である（A）。分離しているので、その内部構造が見える（写真10-1）。それは内部中央のピン（接極子）である。ピンは風切羽の回転に連動していると考える。もう1つが下部の部分で上部のピン（接極子）を受ける。この下部は鉄製の六角形のナットの中に埋め込まれていて、ナットの下のねじこみに爆弾本体頭部の一部と考えられるものがちぎれてついている状態で出土している（B）。

　出土場所は、旧軍の施設（兵舎・兵器廠）の南に隣接する軍の「練兵

全長：53.9mm
直径：44.5mm
重量：177.7g

全長：64.9mm
（断裂した本体部分を除く）
先端部直径：35.0mm
ナット二面幅：45.0mm
重量：472.7g

A　　B

写真10-1　T40出土の信管

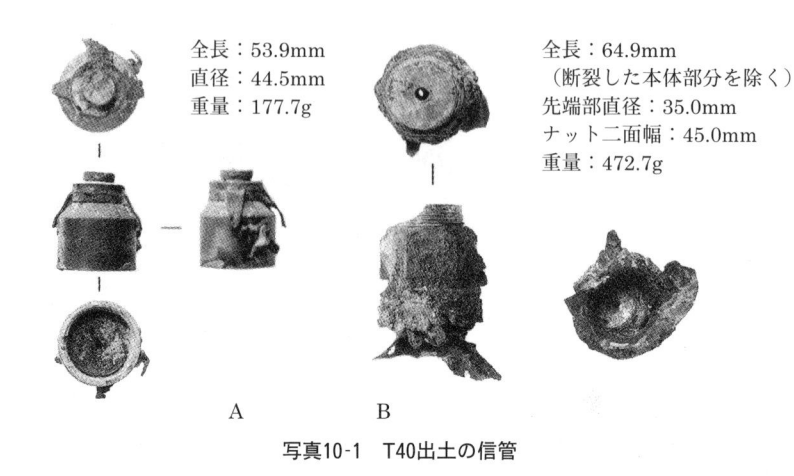

場」跡地であることから、爆弾信管は旧日本軍のものかもしれないと考える向きもあるが、この場所で旧軍の爆弾処理が行われた事実はない。

　反対に当該出土信管Aの胴の部分に、「NOSE BOMB FUZE AN-M126A1」と信管の制式記号が細かい陰刻で記されていて、米軍資料から、これは米陸軍の「AN-M47A2 100ポンド型」爆弾専用の信管であると特定することが可能となった（制式記号が読み取れなくても、米軍資料にある信管の形状や寸法などから爆弾を特定することは可能であった）。それにしても数十年地中にあっても、細かい陰刻の腐食による欠損が全くないことは驚くべきことである。その金属は、金属色とつや、そして何よりも腐食にきわめて強いということなどを考えるとチタン合金（推定。定性分析が必要）ではないかと考える。ところで、「AN-M47A2 100ポンド型」は1945年6月29日の岡山空襲の際B-29から焼夷弾として多量に投下されたものである。

2. 6.29 岡山空襲の「AN-M47A2 100 ポンド型」焼夷弾について

　「AN-M126A1」信管が、「AN-M47A2 100 ポンド型」爆弾に使用されるものであることは複数の米軍資料から確かに知り得るが、出土の信管が、6月29日の空襲でその箇所に落下したものとするためには今少し他の角度から検証する必要がある。

　6月29日の空襲は、米陸軍航空軍第 21 爆撃機集団のマリアナのテニアン島基地の第 58 航空団の B-29 138 機によってなされた（発進の B-29 は 141 機。3機トラブルで爆撃に参加せず）。このとき同部隊は焼夷弾のみ2種類を投下した。6.29 岡山空襲では通常爆弾は1発も使用していない。2種類の焼夷弾は1つが今取りあげている「AN-M47A2 100 ポンド型」で油脂焼夷弾。当時は地元で「大型」とか「50キロ爆弾」と呼んでいた。爆弾形をしていて焼夷弾だが爆風破壊効果も強くないがもっている。これが1万 2,602 発。もう1つが、「M74 10 ポンド型」黄燐油脂焼夷弾。これは「小型」と呼んでいた。これは M74 を 38 本ずつ束にした「E48 500 ポンド型」集束焼夷弾として投下され、空中で M74 が散開する。これが 2,187 発（『Tactical Mission REPORT Mission No.234 〜 237』）。M47 と M74 の弾数は、12,602＋2,187×38＝95,708 発。おおまかにいって約 10 万発である。

　この約 10 万発をこのとき、84 分間に岡山市街地の中心部に設定したただ1点の照準点（AP）に投下したのである。B-29 138 機全機そうするように野戦命令書で指示されている。この爆撃はあれこれの軍事的標的を破壊するためにしたのではなく、岡山市街地そのものを破壊することが目的だった。いわゆる無差別爆撃だったのである。これが原爆なら1点に1発でよいが、焼夷弾だから 10 万発だったのである。

今少し彼等の無差別爆撃の手法を説明する。1点の照準点は岡山の市街地を効率よく焼く点を選ぶ。当然中心部になる。実際の地点は現NTT クレドビルの側。この点には半径 4,000 フィート（約 1.2km）の円が設定される。「確率誤差円」と呼ばれるものだが、全機がこの 1 点に投弾しても（夜間、4,000m 前後の高度）円内には確率的統計的に約半分着弾するとしていた。そこから必要な爆弾量を計算して用意する。それが 10 万発だったのである。この考えのもとでの円の中心点は爆撃中心点（MPI）と呼ばれている。点の位置は照準点と同じである。

実際に円内に半分着弾しているかどうかは私たちには知る由もないが、このときの被弾は爆撃中心点から 5km の同心円に及んでいる。例外的には 10km の地点の被弾もある。もちろん中心点からはずれるほど被弾の密度はうすくなっていることは言うまでもない。

ところで津島遺跡の信管出土地点は、この爆撃中心点から 2km の地点である。4,000ft（約 1.2km）の「確率誤差円」の外ではあるが、2km 前後の同心円の地点は、円の内側と変わらぬほどの密度で被弾していると考えてよい。筆者の自宅は東山の操山のふもとであるが、爆撃中心点から同じく 2km の地点。実際に数機分（数回）の投下弾が至近に落ちている。同じ 2km 地点の津島遺跡は、当時はグラウンドで民家がなく、被害がなかったから被弾もしなかったように見えるが実際はそうではない。

この点について別の角度から見る。米軍は 2 種類の焼夷弾を次のように搭載してきた。先導機と 1・2 グループが 100 ポンド型（大型）、続く 3・4 グループが 10 ポンド型（小型）。先に消火活動を妨げる効果のある「大型」を投弾し目標に火災を発生させる。それを目印に後続機が「小型」を目標に、より高い密度で投下するのである。

戦後 1946〜47 年ころ、岡山市は市内全町内会で戦災調査の聞き取りを実施している。民俗学者岡秀俊がこの仕事を担当し、各町からの聞き

取りを丹念に原稿用紙に記録した。この生原稿が『岡山市町別戦災調査資料』として市中央図書館に保存されている。これにより各町の「大型」「小型」被弾の証言をひろい市街地図にプロットしてみると、岡山市街地の全体に、もちろん2km地点の同心円の外まで巨視的に見て偏りなく、「大型」のプロットが分布する。「大型」の分布するところにはもちろん「小型」も分布する。「大型」も「小型」も同一の照準点だから理論的、確率的にそれは当然のことだが、津島遺跡のあたりだけが空白というような分布の偏りは実際にも存在しないということである。

「大型」は不発弾が非常に多かった。不発弾を目撃したものは多数いる。不発弾は軍当局が収集して特定の場所で不発弾処理がなされている。しかし津島遺跡の場所で処理がなされた事実はない。

以上のことから当該出土信管は、6月29日に投下されたものの1発と考えて間違いないと思う。

この信管が爆発したものか不発弾のものかについては当該信管だけでは不明である。発掘の際、くずれた鉄板様のものも一緒に出土したということだが、それは廃棄されている。

出土の地層から見る。当信管は瞬発式信管であるから、地表面の浅いところで爆発するものであるが、地表下1.0mで見つかっている。不発のため深く埋まったのか。瞬発弾頭でもこれ位が普通なのか、この事例だけでは判断できない。発掘の際異臭がしたということで、それは不発弾だったため内部の油脂がそのまま地中にあって異臭が残ったという可能性もあるが、再調査の要件は失われている。

推定根拠の資料はなお限られたもので危ういが、津島遺跡の例は爆発したものと現状では考えている。津島遺跡の信管下部につながっていた弾頭本体の部分の断裂具合が腐食によるものでない爆裂と見えるからである[1]。

3. 信管「AN-M126A1型」について

米軍資料によって、出土信管の説明をする。

資料1 『Bomb and Fuze Selection』（USSBS報告書の基礎資料　国会図書館 USSBS 関係資料マイクロフィルムから）

　海軍の資料で 1944 年末〜1945 年中ごろの文書が含まれている。それに、「陸軍設計：航空機爆弾信管の現状、有用性」の表があり、数十種の信管が取りあげられている。その中に「AN-M126A1」が登場していて、「説明」欄に「Nose Instantaneous Impact（弾頭、瞬発）」、「使用」欄に「Chemical bombs 100-lb.M47A2（化学弾 100 ポンド、M47A2）」とある。

　「Chemical bombs」については、次の資料で説明する。

資料2 『CORRECTIONS TO U. S. BOMBS AND FUZES No.1 1943. 12.10』（防衛省防衛研究所図書館蔵、実物資料）

　米海軍の爆弾処理学校のハンドブックである。

　同資料によると陸軍設計の「AN-M47A2 100 ポンド型」は、焼夷弾と発煙弾と毒ガス弾として使用されるものとなっている。米軍は実際に試験場基地で毒ガス弾の投下実験を行っているが、日本本土空襲で毒ガス弾が実際に使用されたという事実は全国的にない。焼夷弾には黄燐をつめるものもあり（M74 がそう）大きく化学弾に分類できるが、化学弾即毒ガス弾にはならない。

資料3 『A STUDY OF INCENDIARY BOMBS FOR EMPLOYMENT（目的のための焼夷弾研究）』（USSBS報告書の基礎資料　国会図書館USSBS関係資料マイクロフィルムから）

　1944.10.1付米陸軍航空軍の文書。これに、「CHARACTERISTICS OF LARGER STANDARD IB'S（より大きな標準焼夷弾の特徴）」の表があり、「AN-M47A2」の特徴について10の項目で説明している。もちろん信管については、「AN-M126A1」とある。他に「約10分間燃焼」などの説明もある。同資料にM47A2の略図があるのでのせておく（図10-1）。同図の信管の部分は風切羽が見えないなど実際をよく写したものではない。実物を岡山市が保存している。

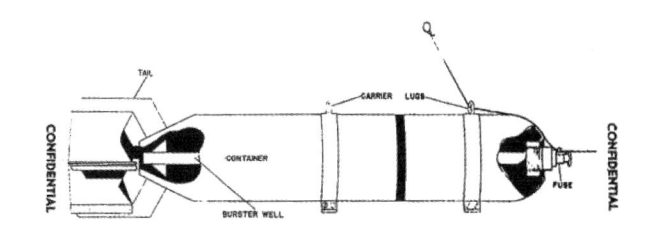

図10-1　AN-M47A2焼夷弾の図解
（資料3より）

資料4 『BOMB, INCENDIARY, 1001b, AN-M47A2：No.7-BOMB DATA SHEET No.3（焼夷弾100ポンドAN-M47A2：No.7爆撃データ票No.3）』（USSBS報告書基礎資料　国会図書館USSBS関係資料マイクロフィルムから）

　ワシントンDC、米軍の統合目標グループの記録シート資料である。1945年5月22日付。「AN-M47A2 100ポンド型」焼夷弾及びその信管などについて寸法、機能など記されているので、その部分を原文のまま

下に掲げる。ここに示されている信管の寸法など出土の実物と重ねると合致するはずである。信管の風切羽の機能も資料でわかる。出土信管はその一部しか残っていないが、その羽が空中で340回転すると発火準備ができることなどがわかる（図10-2）。

筆者は、現在のところ当該信管の内部構造や機能について、ここの記述以上は知るところでない。

1. Bomb, Incendiary, 100-lb, AN-M47A2:
   Actual weight: 70 pounds.
   Length: 48.9 inches.
   Diameter: 8 inches.
   Thickness of case: 1/16 inch
   Total heat liberated: 670,000 B. t. u.（approx.）.
   Burning time: 10 minutes（approx.）.
   Bombing table: 100-G-2.
   Total volume of body: 7 gals.
   Void left in filling: 10 percent.
   Weight of filling: 40 pounds（approx.）.
   Composition of Napalm filling: 88.5 percent gasoline
       and kerosene; 11.5 percent aluminum soaps.
2. Fuze, Bomb Nose, Mechanical Impact, AN-M126A1.
   Actual weight: 1.06 pounds.
   Overall length: 3 1/16 inches.
   Functioning: Instantaneous.
   Arming time: 340 vane revolutions, 725 feet air travel;
       minimum altitude to arm: 100 feet（2.5 seconds）, plane
       air speed 200'm. p. h.

図10-2　AN-M47A2焼夷弾とその信管の寸法及び機能

4.　6.29岡山空襲の3種類の信管

6.29岡山空襲では、2種類の焼夷弾が投下されたことはすでに見てきたことだが、信管については3種、細かく言うと4種存在したことを知っておかなければならない。以下の①②③である。②と③は形態に似

たところがあるので、混同しないようにしたい。
① 「M74 10 ポンド（小型）」の弾頭内部にあるもの。着弾の際に働き、中の焼夷剤を放出させる。焼夷弾筒は破裂しないので、内部の信管そのものを見た人は少ない。当センターには現在この信管の実物（構造の全部ではない）と米軍の図解資料がある。
② 2つ目がこれまで見てきた津島遺跡出土の信管「AN-M126A1型」である。

2種類の焼夷弾だが信管はこの2つ以外にもう1種存在するのである。
③ ①の「M74」を集束した「E48 500 ポンド型」集束焼夷弾の弾尾についている「E48」解束用の信管である。これは弾尾にA、Bの2個ついているので数えると4種とも言える。ただA、Bは同じもので少しだけ機能に差がつけられている。

この信管は弾尾にあるから風切は逆になるが、この発火準備羽（アーミングベーン）の部分は②とよく似ているので実物収集の際には気を付けねばならない。これについては当時の日本軍当局の「M69」（全国的に広く投下されたもの、「M74」と少し違う「6ポンド型」の集束弾。集束の仕方は「M74」と基本的に同じ）の実物検証図があるので、それを掲げておく（図10-3）。「E48」とは違うが参考になると思う。「E48」の図があればよいが、「E48」が大量に投下されたところは、青森、津、岡山と限られていて、それが理由と思うが図は残されていない。

さてこの③のA、B信管は①②と違って当時見たり、触ったりした人が多く、信管爆発でけが人もでた。現在でもその記憶が多くの人に残されている。筆者が②の説明をいくらしてもこの③の記憶を重ねて受け止めてしまう。

次に掲げるのはその記憶の1つである。57年後に記憶を描いてもらった（図10-4）。福田展也氏、1927年4月15日生まれ。当時の中学生の記憶。これがまさに③。前出防衛省資料に見える特徴をよくとらええている。

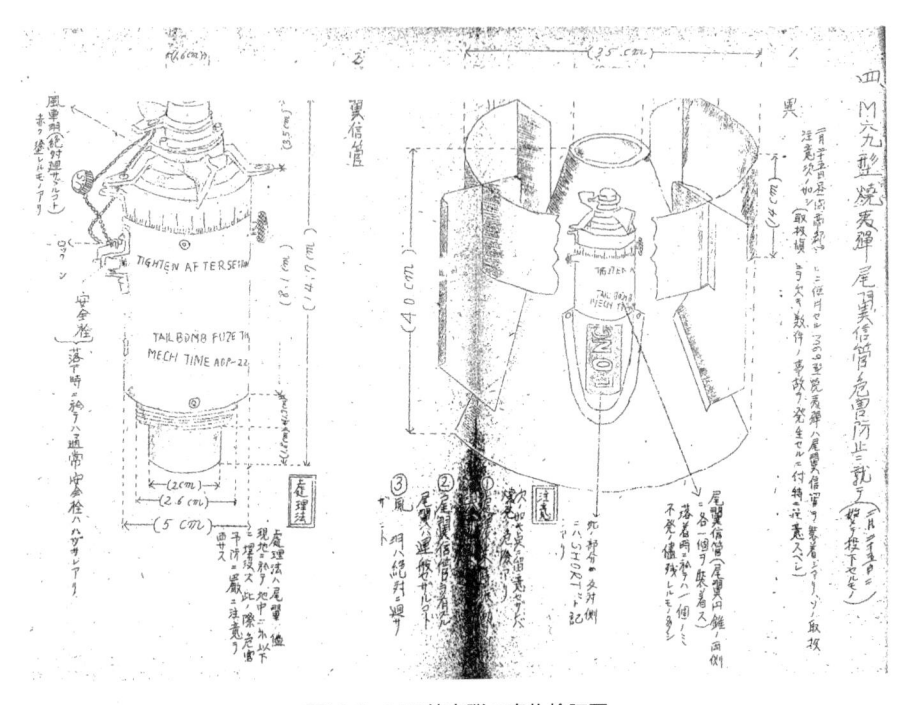

図10-3　M69焼夷弾の実物検証図
(「昭和20年4月7日　民防空速報第5号　東部軍司令部」から防衛省防衛研究所図書館蔵)
※M69型としているが、実際は69型の集束弾である。

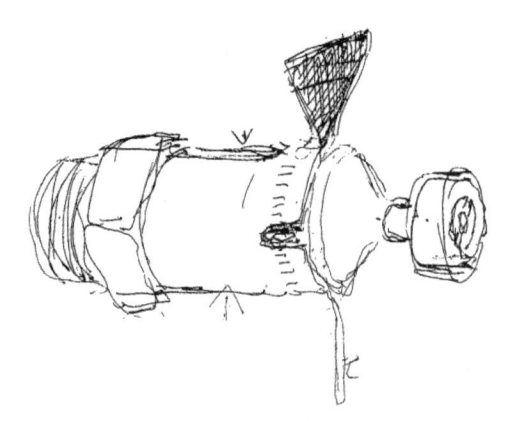

図10-4　E48解束用信管のスケッチ
(福田展也氏記憶の作図)

さてなぜこの③の信管に触ってけが人がでたのか。空襲の後、生きた信管が転がっている。筆者ははじめその話を聞いても信じられなかった。信管は爆発のとき飛んで死んでしまう。不発であれば爆弾についたままであり、これを一般のものが滅多に触ったりはしない。軍当局の爆弾処理班が収集して処理をする。その処理にあたった人以外の一般の人に記憶はそんなに残らないはずである。

　しかし③の集束焼夷弾の解束用信管についてその事実が存在したのである。「E48」の弾尾の2つ（AB）の信管は、Aが機能して解束に成功すれば、Bは生きたまま（不発）で転がるのである。BはAの「保険」、Aの失敗を補うものだったのである。Aで解束しなければ2秒後にBが働く。この米軍関係資料は本題でないので取りあげないが、そのメカニズムを説明している。前掲防衛省資料に「落着時ニ於テハ1個ノミ不発ノ儘残シタルモノ多シ」はその事実を記している。

　岡山に6月29日に投下された「E48」は2,187発であるから理論上は1つが不発とすると約2,000発が転がっていたことになる。

　出土品とは異なる③の信管についてくわしく述べたのは、繰り返すが②との混同を避けるためである。③についても実物資料の1つでもあれば混同、混乱は起こらない。しかし、理論上2,000個はあったと思われる信管が今はただの1つも保存されていないのである。これはどうしたことか。最後にこのことにふれて検証報告を終わりたいと思う。

5. おわりに

　なぜ実物資料が収集、保存されないのか。戦災遺跡から焼夷弾遺物が出土した例は過去にいくつもあった。しかし問題意識の欠如が根幹にあって、戦災遺跡の出土品に関心が少なく出土資料の検証は不充分で

あった。これが何十年も続いてきた。

　歴史研究のこの分野の専門的な調査研究機関は全国的に官民通じて存在しないのが現状である。しかしその中にあっても発掘現場では、他の時代の遺物同様に取りあげ、自らの検証と説明はできなくとも資料を放置することなく、しかるべき検証のテーブルに置けるようにすることだけは最低限してほしい。

　「AN-M47A2 100 ポンド型」焼夷弾は全国各地に投下されている。当時の当局の現場検証報告も存在している。しかし実物信管資料の保存の例を知らない。筆者は、2002 年、2003 年と空襲を記録する会全国連絡会議の大会出席の機会に各地の資料館等に繰り返し尋ねているが、保存しているという返事はまだない。おそらく、この津島遺跡の「AN-M47A2 100 ポンド型」焼夷弾の信管の実物資料は保存の最初の例になると思う。そしてこの検証報告が、全国的な同様実物資料の収集保存に道を開くことになると確信する。

(注)
1)　しかしこの点は、新しい資料が別の地点から出土し助かっている。岡山市の元弘西小学校地の発掘現場から 2003 年、同じ信管が出土したのである。発掘責任者は焼夷弾の部品であることは知っていたが、信管であることは知らなかった。たまたま市民からの当センターへの通報で、現場で実物検証をしたところ、この方も信管の制式番号が読み取れたのである（前半部分は付着物でかくれている）。しかもこの現場の場合は信管以外の部分の破片も収集された。その一つが、「AN-M47A2 100 ポンド型」の内部の炸薬筒（バースターウェル、図参照）の破片と考えられるものであるが、その筒のちぎれ具合とめくれ具合からこの方は間違いなく爆発したものと考えられた。ここの場合も出土の地層は 1.0m 位、また津島遺跡と同様異臭がしたとのことである。

あとがき

　定年退職してから、11歳のときに体験した岡山大空襲の調査研究に本格的に身を投じて11年過ぎた（センターの8年。前身の6.29岡山空襲研究会の3年）。私どもの仕事は、まだ道半ばであるが、この中で大事なことも学んだ。

　史（資）料の発掘収集は、戦後50年、60年の段階では、さすがにその散逸の著しい現実に向き合わされることの多いことも事実であるが、一方で、切実かつ具体的な調査研究のテーマや課題が、自らの正面にしっかりすえられてさえいれば、史料はいくらでも見つかる。史料は探がせば見つかるものであることを学んだ。自らの調査研究の停滞を、"史料散逸"にかこつけてはならぬということである。

　当センターの史料の発掘収集に際限はなく、それはまだ途上ではあるが、10年にしてセンター開設当初予想しなかった成果をあげることができたと自負している。後掲の「岡山空襲資料センター収集・所蔵の一次資・史料（2007）」を参照されたい。これらの史料の永年保存のために、公的空襲・戦災資料館（博物館）の開設がなんとしても必要と思うことである。

　さて本書の各章は、ほとんど米軍資料を対象にしているが、それは当センターの史料の探索が米軍資料にもようやく及んでいることの表れである。空襲・戦災は彼我の戦争のなかで起きたこと。敵側の資料も見ないでは記録は完結しない。その米軍資料。幸いそれは、質、量ともに膨大な量が、米国立公文書館他に保存され、その多くは情報公開されていて、私どもも収集利用できる。1970年代にはいってからそれは各地の記録する会などで利用が進んできた。空襲・戦災の記録に欠かせない

きわめて大事な資料として存在している。しかし、米軍資料とて、足元の地域の空襲・戦災の調査研究の課題をすべて解決してくれるわけではない。それがどれほど多くあっても、その一つひとつは、どこまでも、資料の属性ともいえる史料的限界から逃れることはない。調査研究者が、もし狭い視野、乏しい知識しか持ち合わせていなければ、限られた資料では、その解読・解析は不充分なものにならざるを得ず、折角の米軍資料が虚構の発信源になりかねない。それは記録者としての最低限の責務である。私どものすべきことは、多面的多角的に、下位基礎資料から上位資料にわたって、つぶさに関連の資料を収集すること。そのうえで、米軍資料を足元の資料で裏付ける。足元の資料は米軍資料で裏付ける作業である。

　空襲・戦災の確かな事実の記録を完成させるために、この様なこの分野の史料学の一層の充実発展が必要であると考えている。

　本書が、史料学を名のるほどのものでないことはよく承知している。しかし当センターの10年来の米軍資料の史料批判の試行錯誤のなかで、先学に学びながらであるが、史料学的知見をいくつか得ることができたことも事実である。本題に"史料学"を置いた所以(ゆえん)である。

　当センターには今はなおたくさんの調査研究上の課題がある。史料の探索はこれからも続く。しかし私どもに残された時間のあまりないこともはっきりしてきた。重ねて記すことになるが、本書の補完は若き学徒に託したい。

　本書の各章への厳しいご批正を切にお願いする。

2008年8月

日笠　俊男

岡山空襲資料センター収集・所蔵の一次史（資）料（2007）

◎市民・体験者の記憶、証言、手記など

『岡山戦災の記録　Ⅰ、Ⅱ』『三十年目の記録』『空襲・疎開・敗戦・占領』『証言ビデオ（録画）』『吾は語り継ぐ』他

◎当センター界隈の空襲・戦跡など

御成町、文化町、徳吉町、国富、門田、鶴巻町、操山の陣地、東山公園、玉井宮、浄教寺、大福寺の傷跡、少林寺境内の海軍防空壕、御成川の防火用水、御成橋、師範学校の横穴壕、奥市の銅山坑道跡、東山と国富の岡山市健民修錬所跡、看板、B-29墜落現場と無名の米兵の十字架墓標（岡山市宮浦）他

◎旧軍、国・市町村関係、団体関係史料

防衛省防衛研究所図書館所蔵資料『戦況手簿』など多数

岡山市防空・警防本部『防空警防詳報』／『焼夷弾ニヨル焼失状況』図

牛窓防空監視哨資料『敵機捕捉状況綴』／『岡山市街地戦災写真』など多数

『浜稲荷町町内会綴（昭和20、21）』、市町村役場日誌、警防団日誌、学校日誌、教務日誌、社史、団体史、岡山医科大学病院患者日誌

『町別戦災調査綴』、合同新聞、内閣情報局『週報』、『写真週報』など

◎実物資料

航空朝日（昭18・6）、国民学校児童の雑誌（小学館）、月刊読売（昭19）、「空のまもり」（昭18）、国民学校児童の絵画数十点、国民学校児童の空襲作文約100点、師範学校男子部附属国民学校学童集団疎開関係資料、十五歳少女の「空襲火の雨スケッチ帳」、中学生の日記数点、岡山市国民学校学校日誌、母校の学校日誌、学校沿革史、警防団鉄かぶと、ゲートル、婦人会たすき、前掛、千人針、金鵄勲章、市民生活資料「罹災証明」他多数

岡山城天守閣の空襲瓦、我が家の焼け跡出土品、墜落B-29のタイヤリサイクルの猫車、旧日本軍練習機のタイヤ、風船爆弾球皮和紙（津山工場）、旧軍迫撃砲弾など、軍隊毛布、三菱水島航空機製作所協力工場（天満屋北館）の「最後のジェラルミン」板1枚、岡山県初空襲500ポンド通常爆弾破片、「灯火管制用電球」、「代用品陶磁器ソケット」、健民修錬所関係資料、焼夷弾M74、焼夷弾M69、電波妨害用アルミ箔　など

◎米側・米軍資料
米国戦略爆撃調査団収集の米軍資料群（米国立公文書館マイクロフィルム）、米マクスウェル空軍基地内空軍歴史研究センター米軍資料群（同マイクロフィルム）、AOF／TIS／JANISレポート／TMR／DAR／AIR／AID／IMPACT／NARRATIVE HISTORY／空撮写真／統計資料　他多数
◎その他日中戦争戦死者遺品多数

初出誌一覧

コラム1 『歴史地理教育 No,550』（歴史教育者協義会編　1996年7月）
序　章 『空襲・戦災を記録する会第29回全国連絡会議岡山大会集録』（6.29岡山空襲研究会編　1999年10月）
第1章 『空襲通信　第10号』（空襲・戦災を記録する会全国連絡会議会報　2008年8月）
第2章 『岡山の記憶　第10号・2008年』（岡山・十五年戦争資料センター編　2008年3月）
コラム2 『第37回空襲・戦災を記録する会全国連絡会議・前橋大会　資料集』（同会編　2007年7月）
第3章 『空襲通信　第9号』（2007年7月）
第4章 『空襲通信　第8号』（2006年7月）
第5章 『空襲通信　第7号』（2005年7月）
第6章 『空襲通信　第6号』（2004年7月）
第7章 『空襲通信　第5号』（2003年7月）
第8章 『空襲通信　第4号』（2002年7月）
第9章 『空襲通信　第3号』（2001年8月）
第10章 『岡山県埋蔵文化財発掘調査報告181　津島遺跡5』（岡山県2004年3月刊）

※本書への転載に当たり、わずかな か所であるが文の訂正をしている。

■著者紹介

日笠　俊男　（ひかさ　としお）

1933年韓国ソウル市生まれ
岡山大学教育学部卒業
岡山空襲資料センター代表

著書
『B-29墜落甲浦村　1945年6月29日』（吉備人出版）
『1945.6.22 水島空襲「米軍資料」・33のキーワード』（岡山空襲資料センターブックレット1）
『カルテが語る岡山大空襲―岡山医科大学皮膚科泌尿器科教室患者日誌―』（同上2）
『戦争の記憶―謎の3.6岡山空襲』（同上3）
『半田山の手報台―岡山の時の社会史的幸―』（同上4）
『米軍資料で語る岡山大空襲―少年の空襲史料学―』（同上5）
『B-29少数機空襲―1945年4月8日狙われたのは玉野造船所か―』（同上6）
編著『吾は語り継ぐ』（吉備人出版）
共著『米軍資料　ルメイの焼夷電撃戦　参謀による分析報告』（吉備人出版）
共著『日本上空の米第20航空軍』（大学教育出版）

空襲の史料学

2008年9月2日　初版第1刷発行

■著　　者──日笠俊男
■発 行 者──佐藤　守
■発 行 所──株式会社 大学教育出版
　　　　　　　〒700-0953 岡山市西市855-4
　　　　　　　電話 (086) 244-1268　FAX (086) 246-0294
■印刷製本──サンコー印刷㈱
■装　　丁──ティーボーンデザイン事務所

Ⓒ Toshio Hikasa 2008, Printed in Japan
検印省略　落丁・乱丁本はお取り替えいたします。
無断で本書の一部または全部を複写・複製することは禁じられています。
ISBN978-4-88730-864-0

幼・少年期の軍事体験

光岡浩二著
ISBN4-88730-672-5
定価 1,260 円(税込)
日中・太平洋戦争に関連する筆者の幼・少年期における体験記。

戦禍の記憶
―娘たちが書いた母の「歴史」―
今川仁規編著
ISBN4-88730-107-3
定価 1,835 円(税込)
母の軍事体験を娘たちが直接聞き書いた文集の一部を公開。

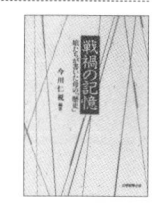

日本上空の米第 20 航空軍
― The 20th AF over Japan ―
日笠俊男・藤本文昭訳著
ISBN978-4-88730-782-7
定価 966 円(税込)
B-29 の誕生から原爆投下までを米軍資料から読み解く。

知られざるヒバクシャ
―劣化ウラン弾の実態―
田城明著
ISBN4-88730-510-9
定価 1,575 円(税込)
第一次イラク戦争で使用された劣化ウラン弾による被爆実態を伝える。